PHILOSOPHIE DE L'ARGENT

ISBN : 978-2-0812-2025-6

Georg SIMMEL

PHILOSOPHIE DE L'ARGENT

Partie analytique, 3e chapitre, sections 1 et 2

Présentation
par
Olivier AÏM et Serge KATZ

Traduction et notes
par
Serge KATZ

GF

PRÉSENTATION

> L'argent est le plus significatif des phénomènes de notre temps dans la mesure où sa dynamique a envahi le sens de toute théorie et de toute pratique.
>
> Georg Simmel, *Journal.*

Avant de constituer un objet théorique, l'argent se présente pour Georg Simmel comme une donnée empirique tout sauf « indifférente », relativement à sa biographie, à son parcours universitaire et à sa pensée. En héritant de la fortune familiale, le jeune Simmel gagne une indépendance financière qui accentue les particularités de sa *situation* académique et, par-delà, épistémologique. Intégrant l'université de Berlin avec le statut de *Privatdozent* [1], il restera néanmoins le plus long de sa

1. Ce statut est comparable à celui d'un maître de conférences qui serait directement rétribué par ses étudiants. De sorte que, si

carrière à sa marge. Sans chercher à le constituer comme une détermination, ce positionnement se retrouve en partie dans sa pensée dont l'inscription au sein des disciplines est, sinon éclatée, du moins multiple.

L'œuvre de Simmel relève, en effet, d'une recherche peu scientifiquement orthodoxe en ce qu'elle ne repose pas sur les clivages ou les étanchéités, mais postule la possibilité de rencontres entre des savoirs d'origines mêlées. Espace d'une interdiscipline déployée, l'œuvre du penseur se creuse sur le mode de l'inter-fécondation : art et science, empirie et théorie, culture et trivialité, se joignent dans une pensée qui fait le pari constant du lien et de la pluralité des regards. En multipliant les convergences entre le « haut » et le « bas », le « devant » et le « derrière », le « dessus » et le « dessous » des phénomènes étudiés, l'optique simmelienne parcourt une perspective qui se situe moins dans ce que certains critiques ont pu déplorer comme une « a-topie » que dans ce que nous pourrions plutôt nous sentir autorisés à envisager comme une poly-topie. De cette interpénétration, *La Philosophie de l'argent* constitue un aboutissement, ne serait-ce que dans le creux de son positionnement vis-à-vis de l'approche économique. De manière révélatrice, le regard s'inscrit

---

Georg Simmel est bien matériellement présent au sein de l'institution académique, celle-ci ne le reconnaît pas pleinement.

« en deçà » et « au-delà »[2] non seulement de la « science économique », mais encore du « matérialisme critique » d'un Marx que Simmel a parfaitement lu et intégré au moment de rédiger sa propre somme sur l'argent. Alternativement à la surface et en profondeur[3], la pensée se fait dynamique pour favoriser le principe d'un aller-retour entre l'analyse et la synthèse, entre la déduction et l'induction, entre le *grand* et le *petit*[4].

---

2. « S'il doit y avoir une philosophie de l'argent, elle sera en deçà et au-delà d'une science économique de celui-ci : elle peut d'abord présenter les postulats qui, dans la constitution psychique, dans les rapports sociaux, dans la structure logique des réalités et des valeurs, affectent à l'argent son sens et sa position pratique. » (Préface de *La Philosophie de l'argent*, trad. Philippe Ivernel et Sabine Cornille, PUF, 1987, p. 15.)

3. « Simmel est le médiateur né entre le phénomène et les idées. Depuis la surface des choses il s'avance partout, avec l'aide d'un réseau de relations d'analogies et de communauté d'essence, vers leurs fondements spirituels et montre que cette surface possède un caractère symbolique, qu'elle est le devenir-visible et l'effet de ces forces et entités spirituelles. L'événement le plus insignifiant renvoie aux profondeurs de l'âme, tout ce qui se passe peut d'un point de vue quelconque prendre un sens important. » (Siegfried Kracauer, *L'Ornement de la masse. Essais sur la modernité weimarienne*, La Découverte, 2008, p. 222.)

4. Établissant ce que Frédéric Vandenberghe appelle « les fondements micro de la sociologie macro » (*La Sociologie de Georg Simmel*, La Découverte, 2001, p. 47).

La tectonique des disciplines

S'il fallait commencer par décrire de l'extérieur l'édifice éditorial de l'œuvre simmelienne, on pourrait proposer de l'aborder comme une pensée et une écriture du confin. Simmel se place à la croisée des disciplines, des regards et des objets. En vertu de quoi, l'œuvre se présente d'abord comme marquée par la rhétorique de la *varietas*. Donnons quelques exemples de cette diversité moins pour le vertige de la liste que pour la démonstration de sa richesse : du côté des disciplines, le regard se fait « philosophique », « sociologique », « psychologique », « historique », « esthétique », etc. ; du côté des objets, l'analyse aborde tour à tour la mode, le conflit, l'étranger, le pauvre, le cadre, les ponts, les femmes, la coquetterie, l'argent, la grande ville, etc.

Ce sens du divers a partie liée avec une pensée de l'alliance [5], sinon du paradoxe, observable jusque dans un certain nombre d'expressions critiques, que l'on parle de Simmel comme d'un « métaphysicien du social » ou d'un « dialecticien sans synthèse »... Cette tendance à l'oxymore est intéressante en ce qu'elle exprime bien le tropisme dualiste d'un philosophe qui analyse par croisements, qui pense par antithèses et qui écrit par analogies. Si bien que le principe de la mise en perspective que privilégie

5. On appelle en stylistique « alliance » le « rapprochement de deux termes contradictoires ».

Simmel dans son travail, se mue vite en une logique intellectuelle de mise en relation généralisée. Fin analyste de la pensée simmelienne dans la lignée de laquelle il prend place, Siegfried Kracauer décrira bien cette logique du lien :

> Son autre tâche doit être de concevoir la diversité en tant que totalité et de se rendre maître, de quelque manière, de cette totalité, de connaître sa nature et de l'exprimer. Du principe que tout est en relation avec tout découle directement l'unité de l'univers. Toute corrélation particulière fait signe vers cette unité, et n'est qu'un fragment du grand tout universel [6]...

Du reste, diachroniquement, on sait que c'est à l'aune de cet effet de lien et de diversité que Simmel est resté dans l'histoire des idées comme la figure de la philosophie de la modernité, définie par la rencontre entre l'écriture du fragment qui met en perspective les *idées* et la thématique du choc qui met en relation les *phénomènes.* La pensée simmelienne serait ainsi liée à une « esthétique métaphysique » du fragment, en ce sens qu'elle n'est pas tant statique, brisée, incomplète, éclatée et a-méthod(olog)ique, qu'elle est dynamique, mouvante et « relationniste ». Du reste, pour user à notre tour d'une formule oxymorique, on pourrait dire que le mouvement constitue la grande fixation de la pensée de Simmel. Sa philosophie est anti-systématique en ce qu'elle ne conçoit pas les savoirs comme des surfaces épistémiques définies, délimitées

6. Siegfried Kracauer, *L'Ornement de la masse*, p. 208.

et inertes, mais comme des *plaques* « à la » dérive, ou plutôt « en » dérive, qui sont soumises aux interactions constantes d'une pensée sur le mouvement et d'une pensée en mouvement. C'est en ce sens que nous voudrions renvoyer Simmel à son propre goût pour l'analogie en parlant de « tectonique » :

> ainsi en ce qui concerne la croûte terrestre, dont aujourd'hui on explique la configuration non par des catastrophes soudaines et inédites, mais plutôt par les effets lentement accumulés, d'une petitesse imperceptible mais d'une pluralité incalculable, que peuvent exercer les forces constamment observables de l'eau et de l'air, de la couche végétale, du froid et de la chaleur [7].

S'il reprend à ce moment-là de *La Philosophie de l'argent* la théorie de la tectonique des plaques, c'est que Simmel fait le lien entre la prise de pouvoir du quantitatif sur le qualitatif et la montée en puissance de l'argent dans les manières de voir, dans les styles de vie et dans la culture en général. Toutefois, l'image tectonique est intéressante en ce qu'elle est ambivalente : elle traduit chez Simmel une nostalgie de la pensée historiographique de l'événement et de l'héroïque, tout en s'imageant dans une conception pleinement réflexive de son épistémologie. Les disciplines de savoir forment des continents en dérive des uns des autres qui se détachent, ou se heurtent, se joignent ou se disjoignent, quitte à provoquer des heurts et parfois de vrais séismes.

---

7. Georg Simmel, *La Philosophie de l'argent*, p. 337.

Arrimée à la question des formes, la tectonique de Simmel s'organise dans des relations d'opposition, d'interposition, voire de superposition.

Philosophie, sociologie et psychologie : des continents émergés

Le recours à ces trois disciplines relève d'abord chez Simmel d'une répartition des tâches. S'il revient à la psychologie de convoquer des exemples situés dans une empirie et dans une phénoménalité qui renvoient à des expériences concrètes, fussent-elles intuitives, la sociologie constitue le champ des mises en « formes » sociales des « contenus » de l'expérience.

Réflexive dans l'écriture, dans les analyses et les approches, la fragmentation de la pensée doit être entendue comme une théorie pratique de la forme, non dans l'isolement de son objet (le contenu), mais dans un processus constant de *formation* et de *mise en forme.* Dans un texte court écrit pour son éditeur, par lequel Simmel est soumis à un exercice d'« auto-présentation », il précise bien les choses :

> J'acquis une nouvelle conception de la sociologie en séparant les formes de l'association de ses contenus, c'est-à-dire les pulsions, les buts, les contenus objectifs qui ne deviennent sociaux que lorsqu'ils sont assumés dans les interactions entre les individus ; j'ai développé

ces genres d'interactions comme objet d'une sociologie pure dans mon livre.

De son côté, la philosophie renvoie au projet principal de Simmel qui cherche à étudier les « styles de vie », la culture, en un mot l'*esprit*, ce qui explique l'importance de l'approche et du projet métaphysiques dans son œuvre. La suite de l'auto-présentation est claire à cet égard :

> Ce principe cosmique et épistémologique du relativisme, qui substitue à l'unité substantielle et abstraite de la représentation du monde l'unité organique de l'interaction, est lié à ma notion personnelle de la métaphysique.

On a dit plus haut que la tectonique simmelienne des disciplines reposait sur des oppositions, des interpositions ou sur des superpositions de savoirs et de leurs contours disciplinaires. Il conviendrait d'ajouter qu'elle repose aussi sur des *appositions*. Si on lit explicitement le jeu qui s'instaure avec des disciplines attestées comme la sociologie ou la psychologie, et dans une moindre mesure avec l'histoire, la linguistique et la psychologie sociale, on ne peut manquer d'observer une relation oblique et muette avec la psychanalyse. Pour paraphraser Freud, on pourrait même dire que dans cette tectonique simmelienne, la psychanalyse constitue un *continent noir*. Représentative en cela comme en d'autres points de l'ensemble de l'œuvre, *La Philosophie de l'argent* produit tout particulièrement cet effet d'*inquiétante familiarité* avec la psychanalyse.

Le *continent noir* de la psychanalyse

On sait que le premier titre de *Philosophie de l'argent* était *Psychologie de l'argent*. Et l'on ne peut en effet que noter le substrat d'un discours qui réemploie en les transformant des termes qui appartiennent directement au champ d'une psychologie en pleine émergence [8]. À ne regarder que cela, le champ lexical de l'œuvre dit bien ses influences : « excitation », « pulsion », « désir », « seuil », « énergie », « jouissance »...

À l'image de l'œuvre tout entière, ce texte porte sur les relations entre objets et sujets, dont les rapports et les écarts s'inscrivent sociologiquement dans des désirs, des valeurs et des échanges. Mis à distance avec les objets, les sujets se présentent comme des machines désirantes soumises à des *poussées* pulsionnelles et à ce que l'on pourrait appeler, pour respecter l'esprit du texte, des *tirées* téléologiques vers des finalités à accomplir. Cette double stimulation n'est pas inintéressante pour comprendre la mécanique de l'argent selon Simmel, qui n'est pas sans liens, fussent-ils sourds, avec la pensée première d'une théorie psychanalytique inspirée par le modèle de la thermodynamique dont s'empare Sigmund Freud, en bon neurologue qu'il est alors. Et si l'argent s'impose dans les formes

8. Notamment expérimentale.

sociales du fait que, « moyen absolu », il se substitue aux fins, le schéma ressortit là encore à une dynamique subtile qui renverse l'approche freudienne. Quand Freud pense le psychique par l'économie, Simmel décrit l'économique par le recours à un mode psych(olog)ique et nerveux d'expérimentation du monde moderne. C'est sans doute ce chiasme qui permet d'expliquer à quel point la postérité de Simmel – ne serait-ce que dans l'horizon de la « postmodernité » – reste intimement liée aux évolutions de la psychanalyse.

Postérité de Simmel

Prise dans son aval, la tectonique des disciplines simmelienne a des effets que l'on sait immenses. Le frottement entre les savoirs et les points de vue qu'elle entrecroise est porteur d'un lent processus de formation de nouveaux continents. S'il est ainsi peu contesté que la microsociologie de Erving Goffman (le « face à face » et la « réciprocité ») et l'interactionnisme (de Palo Alto) sont en latence chez Simmel, on pourrait étendre cet exercice de relecture tectonique à bon nombre d'autres territoires disciplinaires : ainsi de la sociologie critique de l'école de Francfort, de l'ethnométhodologie de Garfinkel, de l'approche urbaine de l'école de Chicago, d'une bonne partie de la psychologie sociale et de tant de philosophies du quotidien qui s'en réclament directement.

Mais les « hypothèses historiques » peuvent aller encore plus loin et voir dans la résonance simmelienne en grande partie invisible avec la psychanalyse, la sociologie et la philosophie, une sorte de bloc originel, une pangée qui progressivement se fragmentera en une série de sous-continents à venir dans le champ de ce que l'on a appelé le postmodernisme. Qu'ils prennent leur essor en Europe ou aux États-Unis, les discours sur la « postmodernité » se définissent relativement à la philosophie de la « modernité » dont Simmel incarne par excellence le tenant. Pensons seulement ici aux théories de Jean-François Lyotard, par exemple, qui combinent approche « énergétique » et « pulsionnelle » pour voir une continuation, en termes de « dispositifs pulsionnels », des analyses que fait lui-même Simmel sur le désir, l'excitation et la pulsion, tels qu'ils se manifestent dans une « modernité » indissociable de l'essor des grandes villes [9].

9. Voir notamment les deux ouvrages suivants : *La Condition postmoderne* et *Des dispositifs pulsionnels*, tous deux publiés aux Éditions de Minuit, respectivement en 1979 et en 1974.

La philosophie de l'argent

Dans leur généralité qui les rend valables pour l'ensemble de l'œuvre, les considérations qui précèdent sur l'archipel de la pensée simmelienne prennent néanmoins une résonance d'autant plus grande dans le texte que constitue *La Philosophie de l'argent*. Considéré par beaucoup comme le « chef-d'œuvre » de Simmel, ce travail se présente comme une somme qui semble, à ce titre, résumer tout en la développant la démarche tectonique de l'auteur. Ce double mouvement apparaît, d'emblée, dans la composition générale qui s'ouvre sur une vaste « analyse » de l'argent pour se recentrer dans une seconde partie d'ordre « synthétique ». Appartenant à ce que l'auteur conçoit comme une « sociologie métaphysique », l'œuvre est exemplaire de la « manière Simmel ».

L'optique de Simmel

Caractéristique d'une démarche, ce texte cherche à remonter d'analyses psychologiques, d'observations sociologiques et de maniements réflexifs d'idées vers une théorie générale et généralisée de l'argent. Encore faut-il entendre le terme théorie dans son sens étymologique, c'est-à-dire « visuel », destiné à produire une image de la société.

Aussi bien la dimension visuelle de sa recherche s'adosse-t-elle au projet philosophique lui-même. Le projet se définit comme « philosophique » précisément en ce que « les contenus toujours fragmentaires du savoir positif demandent à être complétés de concepts conclusifs, afin de constituer une image du monde et de référer à la totalité de la vie [10] ». De sorte que, pour Simmel, la « philosophie » se conçoit comme une « image intellectuelle du monde [11] ». La notion de *Weltbild* est obsédante dans la pensée d'un chercheur qui vise moins une reproduction exacte, méthodologiquement parfaite « des contenus du réel », qu'une reconstruction imagée, ou une modélisation esthétique (d'où l'autre terme simmelien de *Umbildung*). Le projet apparaît là encore clairement en première partie du texte à travers une série de tensions qui précisent le regard de l'auteur : du détail à la totalité, de l'analyse à la synthèse, de la focalisation précise à l'image globale du monde. C'est même ce va-et-vient entre détail et globalité qui définit pour Kracauer l'unité, la cohérence et la spécificité épistémologiques du philosophe :

> J'aurai encore à montrer que Simmel recommence toujours à lutter pour se détacher de l'objet particulier afin d'embrasser le monde dans sa totalité. Pour atteindre son but, il emprunte deux voies : celle de l'épistémologie et celle de la métaphysique. La première le conduit à une négation authentiquement relativiste de l'absolu, la seconde le conduit à renoncer à une compréhension proprement personnelle de la

10. *La Philosophie de l'argent*, PUF, 1987, p. 13.
11. *Ibid.*, p. 29.

totalité et à présenter une multiplicité d'images universelles typiques [...] [12].

Pour qu'elle fonctionne, l'*optique* simmelienne se construit dans une *théorie* dynamique, à multiples focales. L'optique se double ainsi d'une dioptrique fondée sur le principe du lien : dans ses objets, tout comme dans sa construction et son écriture, *La Philosophie de l'argent* ressortit à une logique *associative.* La pensée qu'il *déploie* est une pensée moins complexe que *compliquée*, au sens que Deleuze donne à ces termes pour décrire les univers sémiotiques de Proust [13]. Elle enroule des références, des allusions, des exemples dans une syntaxe de la profusion et dans une logique de la réflexivité, au sens où les objets de pensée deviennent coextensifs [14] à la manière de les aborder et de les restituer.

Au fond, la pensée est à l'image de la situation épistémologique d'un auteur qui ne désigne les lignes que pour mieux les interpoler. Nourrie du vitalisme philosophique en général, de celui de Bergson en particulier, sa pensée privilégie le mouvement et le lien, qui sont au cœur de ce qu'il nomme le « relativisme ».

12. Siegfried Kracauer, *L'Ornement de la masse*, p. 208.
13. Gilles Deleuze, *Proust et les signes*, PUF, 2003.
14. Au sens « transcendantal » du terme.

Le « relativisme »

Reprenons dans sa longueur la partie de la préface au sein de laquelle est détaillé le projet du livre :

> Ainsi la première partie de ce livre déduira-t-elle l'argent des conditions qui portent son essence et la signification de son existence. Le phénomène historique de l'argent, dont je cherche par conséquence à déployer la structure et l'idée en partant des sentiments de valeur, de la praxis envers les choses, et des relations interhumaines de réciprocité vus comme leurs présupposés – ce phénomène sera étudié, dans la deuxième partie d'ordre synthétique, à travers ses effets sur l'univers intérieur : sur le sentiment vital des individus et l'enchaînement de leur destin, sur la culture dans sa généralité.

Cette approche en miroir est significative. L'écriture que Simmel privilégie, en effet, pour décrire les processus sociologiques est celle de la spécularité, de la réflexivité et de la récursivité. Le terme obsédant de *réciprocité* prend ainsi un sens à la fois interne aux théories (la socialisation qui se fait dans des relations interpersonnelles) et englobant le processus de théorisation qui fait l'aller et le retour entre l'objet et le sujet, et qui fait le va-et-vient entre les objets et la pensée.

Réflexivité et récursivité

Dans le chapitre III de la première partie de *La Philosophie de l'argent*, Simmel s'intéresse à ce qu'il appelle les « séries téléologiques » et qu'il faut entendre comme un rapport fondateur du sujet au monde, et ce relativement aux objets : « Notre rapport au monde pourrait être comparé à une courbe qui irait du sujet à l'objet, l'engloberait, et s'en retournerait au sujet. » Pour Simmel, nous aurions ainsi affaire à une « forme » de socialisation (ou de « sociation »), qui procède de la rencontre entre l'individu, sa psychologie et le *socius*. Or, le mécanisme même de la *série téléologique* repose sur une conception quasi mécanique, si ce n'est systémique, qui multiplie les prises réflexives et rétroactives. Dans le jeu pulsionnel du désir, la finalité (qui implique cette approche « téléologique ») peut se retourner vers son moyen pour se confondre avec lui. Est ainsi favorisée une logique récursive, celle de la « courbe ».

Si l'approche en termes de pulsion, de poussée, de désir se heurte à la plaque psychanalytique des savoirs, il semble que de manière encore plus augurale, ces descriptions ne sont pas sans lien avec les théories de la communication. Voici comment est décrit le « vouloir » dans le cas des « séries dotées d'une finalité » :

> un certain résultat objectif à travers l'acte y est d'abord recherché, ce processus se concluant par la réaction produite par le résultat sur le sujet et par le

sujet sur le résultat. La signification fondamentale de l'action dotée d'une finalité réside donc dans l'interaction qu'elle instaure entre le sujet et l'objet.

La « réciprocité » comme phénomène psycho- et socio-logique reprend le mouvement de la « courbe » (et de « l'effet retour »), qui se présente alors comme une « boucle » rétroactive [15], au sens que lui donnera, bien des années plus tard, le champ cybernétique, dans son projet parallèle de relier, de manière interdisciplinaire, les sciences de la nature et de l'humain. De sorte que, d'un point de vue communicationnel, la courbe traduit un processus lié à la *mise en forme* sociale comme une *in-formation*.

Le fait est que la donnée « relativiste » de la philosophie simmelienne s'impose comme une théorie qui s'élabore par le lien, la relation, la communication, voire la contamination des idées et des niveaux d'idées, jusqu'à atteindre l'écriture elle-même qui, nous allons le voir, s'attache à un principe organisateur prédominant : la *dynamis*.

La forme et la mise en forme : une sociologie *dynamique*

Très inspirée des catégories aristotéliciennes, la dimension dynamique de l'œuvre doit être entendue précisément en fonction de la théorie de l'action que

15. Ou « *feed back* ».

propose le philosophe grec. La *dynamis* se définirait comme une série de mouvements qui inscrivent les *contenus* dans des *formes.* On sait l'importance de ces deux notions à lire l'ensemble des écrits simmeliens. Patrick Watier décrit de manière très nette cette articulation au creux du projet de « sociologie pure » de Simmel :

> Le procédé d'abstraction que la sociologie pure appliquera pour isoler ce qui dans la société n'est que société, consistera à isoler la forme du contenu de la socialisation ; une socialisation est la configuration dans laquelle plusieurs individus entrent en action réciproque, et dont l'action réciproque ne peut provenir que de la mise en œuvre de pulsions, ou de la visée de certains buts [16].

Ce qu'on appelle ainsi le « relativisme simmelien [17] » renvoie de manière prioritaire à la notion de forme. Les formes de socialisation se produisent à travers des processus *in praesentia*, de mise en relation des individus les uns avec les autres, en fonction de certains cadres d'opérativité sociale :

> Un tel projet rend nécessaire la distinction des pulsions, dispositions, intérêts, émotions, sentiments, tendances, buts portés par les individus, et qui sont les contenus ou la matière psychique de la socialisation,

16. Patrick Watier, *Georg Simmel sociologue*, Éditions Circé, Belval, 2003, p. 25.
17. Ou encore le « relationnisme » simmelien.

de la forme, dans laquelle les individus, pour mettre en œuvre ces contenus, vont se socialiser [18].

C'est bien pour cela que les concepts qui dominent cette approche – interaction, relation et réciprocité – ont présidé à la mise en postérité de Simmel à travers l'approche goffmanienne qui s'incarne de manière paradigmatique dans le *face à face*...

Dans le cas de l'argent, Simmel ne laisse pas de souligner, à ce propos, que « les formes économiques » peuvent être appréhendées comme « résultat de valorisations et de dynamiques plus profondes, de présupposés psychologiques, voire métaphysiques ». Moyennant quoi, la dynamique formelle est liée à une profondeur qui conjoint tectonique disciplinaire et influence vitaliste à travers une approche qui met en regard et en dualité le mouvement psychique (poussée et tirée), le mouvement social (valorisation, échange, réciprocité) et le mouvement philosophique d'une pensée qui va ct vient entre déduction et induction, entre fragment et totalité, entre réflexion et réflexivité...

Dynamis de la valeur : la potentialité

Transcendantale, cette boucle se fait entre les niveaux du dit, du dire et du comment dire. La dynamique est bien celle de l'objet et du regard sur

18. Patrick Watier, *Georg Simmel sociologue.*

cet objet, en ce qu'il s'attache aux possibilités offertes par l'argent à travers son potentiel de valorisation et de convertibilité, bref à travers son action sur le monde.

Mais cette dimension performative peut se lire au moins à deux niveaux *dynamiques.*

→ La valeur relativiste de l'argent

Si la notion de valeur est toujours clairement référée au corpus philosophique qui le précède [19], de nombreux passages du texte de Simmel semblent consonner de manière troublante avec les théories structuralistes à venir d'une linguistique d'origine saussurienne. La valeur est relationnelle chez Simmel, de la même manière que la langue obéit selon Saussure à un système relatif, qui fait que chaque signe prend son sens à la fois dans la relation interne entre son signifiant et son signifié et dans la relation externe et généralisée avec l'ensemble des autres signes qui lui assignent sa position sémantique.

Simmel n'adopte pas cette perspective structuraliste, bien entendu, mais il rattache tout de même son relativisme à une logique substantialiste des contenus qui prennent forme dans les relations actives et actualisées au sein des rapports sociaux.

---

19. Sur la question de la valeur, Simmel reprend, de manière plus ou moins explicite, les grandes figures qui l'ont précédé : de Kant à Marx en passant par Hegel et Fichte.

En cela, la théorie simmelienne reste contre-immanentiste dans la mesure où, *dynamique*, elle ne conçoit les phénomènes que dans leur valeur situationnelle, pratique et « pragmatique », pourrions-nous préciser. Ce qui compte pour lui, ce sont les processus de valorisation et de sémantisation incarnés, pratiqués, situés dans des contextes d'échange, autrement dit de communication effective.

→ Le *potentiel* linguistique de l'argent

La dimension dynamique de l'échange et de la réciprocité chez Simmel fait penser aux notions de « forme de vie » et de « jeu de langage » de Wittgenstein qui passe pour l'un des pères de la pragmatique. D'autant plus que la description historique de l'argent comme principe monétaire relève dans le texte de Simmel d'un parcours en abstraction qui suit une logique de dé-sémantisation [20] : la monnaie tend à devenir fiduciaire et à perdre ainsi sa « valeur » précieuse d'origine pour s'enrichir paradoxalement à travers ce que le sociologue désigne comme un « vide sémantique » :

> de même, le vide sémantique de l'argent provoque-t-il le plein de ses significations pratiques, voire, exhorte à remplir de continuels néologismes l'infinité conceptuelle de sa sphère de signification, et à imaginer des contenus toujours nouveaux pour la forme

20. On lit un peu plus haut : « du fait de son manque absolu de contenu propre ».

pure qu'il représente : car elle n'est un point d'arrêt pour aucun, mais un lieu de passage pour tous. En définitive, les multiples marchandises ne sont toutes convertibles qu'en une seule valeur : l'argent ; alors que l'argent, lui, est convertible dans toute leur diversité [21].

Nouveau paradoxe heuristique, la richesse de l'argent est dans sa pauvreté, sa dé-sémantisation lui garantissant au fond une plus grande polysémie *potentielle* ; ce surcroît de valeur constitue même ce que Simmel nomme le « *superadditum* » de l'argent.

Il reste que, lié à des situations d'échanges précis (le pourboire, la relation de négociation, et plus largement, le commerce), l'argent s'inscrit dans le « langage ordinaire » des relations interpersonnelles qui montrent la force d'un outil pragmatique qui se déictise et se dynamise (au double sens du terme) comme – Simmel l'écrit – « *a sort of circulating medium* ».

Empreint de ce pragmatisme de la relation, le « symbole pur » de l'argent fixe des médiations, fige des échanges dans des pratiques codées, conventionnelles et en cela « intellectuelles », au sens de Jack Goody [22]. Il s'ensuit qu'elles s'accompagnent d'une rationalisation d'autant plus grande des rapports sociaux. Toute la suite de la *Philosophie de l'argent* montre, en effet, que la conventionalité de l'argent

21. Page 70 de la présente édition.
22. Jack Goody, *La Raison graphique*, Minuit, Paris, 1980.

tend à l'abstraire comme moyen et à intellectualiser l'ensemble des rapports sociaux (jusqu'à la culture au sens le plus large). Vecteur de circulation, l'argent uniformise, dans la procédure répétée de leur mise en forme, les échanges, les désirs, les relations.

C'est là du reste que la théorie de l'argent simmelienne rejoint celle de la marchandise marxienne dans un prolongement de la question du « fétichisme » :

> C'est pourquoi la valeur d'une somme donnée représente la valeur de chaque objet spécifique dont elle est l'équivalent, plus la valeur de la liberté de choix entre un nombre indéterminé d'objets semblables – un plus qui, dans la sphère de la marchandise ou du travail, ne présente guère d'analogie, même approximative [23].

La convertibilité absolue de l'argent en une somme *potentiellement* totale de marchandises ou d'objets fonde sa *puissance* au sens premier du terme. En effet, pour aller au bout de l'inscription aristotélicienne de la forme, au sens social, socialisant et sociologique de ses attendus, il faut précisément voir dans la *dynamis* telle qu'Aristote l'entend, un ferment et un facteur de potentialités [24]. Or, cette puissance s'ordonne ainsi sur une logique de « coloration » *in posse* de l'ensemble des formes sociales. La *dynamis* de l'argent est liée à l'idée

23. Page 71 de la présente édition.

24. La traduction latine de la *dynamis* grecque est *potentia*.

d'une circulation et d'une diffusion sociales *potentiellement* sans fin.

Néanmoins, la potentialité symbolique de l'argent ne se ferme pas dans une abstraction idéelle, eidétique, mais se manifeste au contraire sous une forme asymptomatique d'abstraction qui garde toujours une part irréductible de matérialité. Pour Simmel, l'argent est une « abstraction tangible ». Nouvel oxymore, l'expression est essentielle pour comprendre la théorie de l'argent qu'il propose, pour peu qu'on accepte de la prendre au sens fort. « Tangible », l'abstraction que forme l'argent l'est au moins en fonction de deux orientations : d'abord, au sens où le texte ne cesse de souligner la potentialité *utilitaire* ou *utilitariste* de l'argent ; ensuite, au sens où elle relève d'une forme sociale déterminante, bien qu'elle apparaisse en creux : le *contact*.

L'argent comme un « outil » passeur

Sur la question décisive de l'instrumentation de l'argent, Georg Simmel prend le temps de bien définir ses termes. Il s'agit là, en effet, d'un enjeu capital de la démonstration. Considéré comme « le moyen absolu », l'argent est progressivement assimilé à un outil de médiation :

> L'argent est la plus pure forme de l'outil, du type décrit ci-dessus : c'est une institution dans laquelle

> l'individu verse son acte ou son avoir, afin d'atteindre par ce point de passage des objectifs auxquels il ne pourrait accéder en concentrant directement ses efforts sur eux [25].

L'argent constitue en effet une médiation qui, tout en restant « tangible », s'abstrait progressivement pour se faire *medium* [26]. Le relativisme de Simmel dit ce double mécanisme d'autonomisation de l'argent et d'objectivation des rapports sociaux dans les échanges. D'un côté, le moi désirant cesse de faire médiation entre la pulsion et l'objet (le médium s'autonomise dans une mise en relation des désirs dans des valeurs), de l'autre, l'argent fige les échanges dynamiques de valeurs. Tout en reposant sur un fonctionnement de type relationnel, les valeurs se figent dans l'argent qui les met en mouvement, d'où l'importance de la notion de « passage », qu'il faut entendre dans un sens concret et médiatique.

Pour caractériser l'uniformisation de l'argent, Georg Simmel multiplie les rhétoriques et les métaphores liquides : « bain », « océan », « flux », « fleuve », etc. Symbole le plus pur, l'argent est marqué par sa puissance médiane et médiale : celle d'un « lieu de passage ». L'unification des valeurs se

---

25. Pages 63-64 de la présente édition.

26. « Or l'outil signifie l'introduction d'une instance entre le sujet et cet objet, instance qui occupe une position centrale entre eux, non seulement au niveau spatio-temporel, mais aussi quant au contenu » (p. 60 de la présente édition).

répand dans une valeur qui devient la super-valeur : l'argent. Ce dernier se *présentifie* comme un long flux de mise en équivalence universalisée.

Seulement, s'il n'était qu'un outil de pure transitivité, destiné à atteindre des buts, sa spécificité en tant qu'outil ne serait pas intégralement circonscrite selon Simmel. L'« outil » et le « moyen » se distinguent en fonction d'un critère précis pour le philosophe : le principe de reproduction. Alors que le moyen « s'épuise complètement à la réalisation de la fin, qu'il perd sa force et son intérêt instrumental une fois la prestation finie, l'essence de l'outil est de persister au-delà de son application particulière ». L'argent n'est précisément pas seulement un *moyen*, il se constitue en *outil*. Ce déplacement est essentiel pour comprendre la suite du raisonnement.

Il convient en effet de noter deux points.

D'une part, l'outil est ainsi relié à une conception intellectuelle et sociale large (comprenant les institutions sociales et les relations « *inter-personnelles* ») qui fait que, conformément au processus d'objectivation des rapports sociaux que Simmel ne laissera pas de décrire dans la seconde partie, *autrui* est apte à s'insérer dans les « séries téléologiques » pour se constituer comme un autre instrument finalisé.

D'autre part, la spécificité de l'*outil* argent par rapport au *moyen* tient à nouveau à son *potentiel* de reproduction toujours renouvelée. Dans la perspective aristotélicienne de la *dynamis*, l'action de l'argent est telle qu'elle se substitue à la totalité des objectifs potentiels pour constituer le « moyen absolu » et le « symbole pur ». Le texte propose alors une dialectique entre la standardisation et la répétition (ou sérialisation) qui n'est pas sans annoncer les développements à venir de Walter Benjamin, dans un premier temps, de l'école de Francfort, dans un second temps. Acte ayant été pris du processus d'aliénation par les marchandises, Simmel fait le lien entre une objectivation des rapports sociaux qui va notamment se figer, nous allons le voir, dans certains types psychologiques (avarice, cupidité, prodigalité, cynisme et l'attitude blasée) qui se jouent et se rejouent comme des *stéréotypes.* Voilà le propre de la « culture objective [27] », dont l'argent favorise l'essor.

En fonction de ce jeu dialectique fondamental entre mouvement et inertie, l'argent se présente donc pour reprendre les termes de Simmel comme une « abstraction devenue tangible ». À nouveaux frais, l'image doit être relue ici de manière littérale

27. « On aperçoit une différence effrayante entre les deux progressions et même, sur certains points, une régression de la civilisation sur le plan de la spiritualité, de la tendresse, de l'idéalisme. Cette discrépance est, pour l'essentiel, le résultat de la division croissante du travail, car celle-ci exige de l'individu une production de plus en plus stéréotypée qui, poussée à son point extrême, fait souvent s'étioler la personnalité. En tout cas, l'individu est de moins en moins à la hauteur de la profusion de culture objective… » (Georg Simmel, *Les Grandes Villes et la Vie de l'esprit*, Éditions de L'Herne, « Carnets », 2007, p. 39.)

comme une inscription dans une relation en cela concrète qu'elle est liée au toucher, au tact et au contact.

Le contact ou la mise en circulation du vitalisme

À reprendre la série de métaphores que déploie Georg Simmel pour décrire l'interactionnisme de l'échange, le courant vitaliste apparaît dans cette image obsédante du « *corps vivant* » :

> L'échange élève l'objet particulier et sa signification pour l'individu au-dessus de leur singularité non pour les faire entrer dans la sphère de l'abstraction, mais pour les introduire dans la réalité vivante des interactions, ce corps vivant de la valeur économique [28].

Le vitalisme est inscrit pour Simmel dans la relation, dans le « vivant processus de la relation ». De sorte que, si l'influence du vitalisme est double au moins chez Simmel (la tradition philosophique et Bergson), il reste qu'une spécificité affleure, qui réside dans la prégnance du toucher et du contact. C'est même en cela que l'on peut voir s'affirmer la dimension médiologique d'une telle description :

> C'est la signification philosophique de l'argent que de fournir au sein du monde pratique la manifestation la plus visible et la réalisation la plus claire de la formule de l'être universel, d'après laquelle donc les

28. *La Philosophie de l'argent*, p. 83.

choses prennent sens les unes au contact des autres et doivent leur être et leur être-ainsi à la réciprocité des relations, dans quoi elles baignent [29].

Relatives et relativistes, les formes trouvent dans l'argent un cas exemplaire de l'organisation métonymique du sens, de la signification et de la valeur des interactions sociales. On est proche alors d'une conception virologique d'un contact qui s'apparente à une contamination. L'argent *touche* la totalité de la société, ce qui explique en retour sa valeur exemplaire. C'est même à ce titre qu'il s'inscrit dans une double relation de libération et d'aliénation, de « coloration » et de « décoloration », d'individualisation et de contagion, de multiplicité des potentialités et d'uniformisation des rapports, bref de mouvement et d'inertie.

L'argent, objet métonymique de l'œuvre

Dès la préface, Simmel voit en l'argent une sorte de révélateur du social, l'appréhendant comme un archi-exemple en quelque sorte. Frédéric Vandenberghe va même jusqu'à considérer l'objet d'étude « argent » comme un « prétexte » pour Simmel :

> Dans cette œuvre, l'objet explicite de l'analyse, l'économie monétaire, ne sert au fond que de prétexte afin de développer une théorie relationniste et vitaliste de la modernité. Interprétant les phénomènes économiques

29. *La Philosophie de l'argent*, p. 122.

dans une perspective philosophique, Simmel relie les événements de surface aux significations dernières [30].

On peut prolonger ce point en repérant le nombre élevé de *mises en contact* thématiques de *La Philosophie de l'argent* avec d'autres objets de recherche simmeliens, que ce soit la mode, l'amour, l'art, la figure de l'étranger ou du pauvre, la modernité, etc. Sauf que, parmi tous ces croisements thématiques, une mise en résonance s'impose, celle qui lie l'argent et la ville.

L'argent et la grande ville

Dans la théorie de la modernité qu'il déploie, Simmel décrit la différence entre l'expérience de la grande ville et celle de la petite ville en termes esthétiques et *esthésiques* [31]. La grande ville se caractérise par la multiplication et l'intensification des sollicitations nerveuses (publicités, chocs, prégnance des « bi-dimensionnalités » comme dirait Kracauer). Or, ce mouvement et cet ébranlement constants jouent en externe (le stimulus) et en interne (l'excitation [32]) de telle manière que, pour se protéger, l'homme des métropoles est conduit à se forger une

30. Frédéric Vandenberghe, *La Sociologie de Georg Simmel*, p. 71.

31. Esthésique : relatif à l'esthésie, faculté de ressentir.

32. Rappelons que, d'un point de vue étymologique, l'*excitation* est un mot qui a pour étymon *kinein* qui signifie « se mouvoir »...

attitude de repli [33]. Cette logique du rempart est consubstantielle d'une logique de mise en arrêt, ou, pour mieux dire, de mise à l'arrêt. Simmel la décrit ainsi dans son texte sur la ville :

> Tandis que le sujet doit se fixer à lui-même sa forme d'existence, face à la grande ville son instinct de conservation exige de lui un comportement d'ordre social. Sur le plan formel, on peut dire que les citadins ont les uns envers les autres une attitude réservée. Si à ce contact extérieur permanent avec des individus innombrables il fallait répondre par autant de réactions intérieures que dans une petite ville où l'on connaît presque chaque personne rencontrée et où l'on a vis-à-vis de chacune une relation positive, on aboutirait à une atomisation intérieure totale et à un état d'âme inimaginable. Ce sont en partie ces conditions psychologiques et en partie une méfiance justifiée à l'égard des éléments qui nous effleurent au passage dans la vie urbaine, qui nous contraignent à cette réserve [34].

Et de faire le lien avec l'argent :

> Dotées du même poids spécifique, elles [les choses] baignent toutes dans le flot perpétuellement en mouvement de l'argent, elles sont toutes placées sur le même plan et ne se différencient que par leur dimension. Dans certains cas, cette coloration ou plutôt cette

33. Erving Goffman a théorisé cette logique sous le nom d'« inattention civile », voir *La Mise en scène de la vie quotidienne*, t. 1 et 2, Éditions de Minuit, 1973.

34. Georg Simmel, *Les Grandes Villes et la Vie de l'esprit*, p. 22-23.

décoloration des choses par leur équivalent en argent peut être imperceptible[35].

Or, l'attitude « blasée » apparaît dans *La Philosophie de l'argent* précisément comme la posture du sujet moderne vis-à-vis de l'argent et de la place qu'il prend dans le corps social et vivant des contacts économiques. Cette attitude correspond à la forme la plus *consommée* de l'uniformisation des *valeurs.* Elle s'appréhende, de ce fait, comme une cessation de jugement (une *épochè*), un figement, une *anesthésie* pour reprendre un terme congruent avec l'approche psycho-physique de Simmel.

Dans la frénésie des échanges, des circulations, des médiations de l'argent, le mouvement économique se fixe dans des attitudes qui *arrêtent* les séries téléologiques selon une échelle graduée d'unification et de standardisation des relations des sujets aux objets. Simmel distingue cinq types psychologiques qui procèdent en l'espèce d'une véritable gradation : l'avare, le cupide, le prodigue, le cynique, le blasé.

Cette gradation va de l'attitude la plus *dynamique* (au sens aristotélicien) à l'attitude la plus *actualisée* dans son uniformité. Simmel prend soin, en effet, de bien distinguer une « avarice » définie par sa « puissance »[36] et une attitude « blasée » définie par

---

35. Georg Simmel, *ibid.*

36. Pour l'avare, « la signification de l'argent coïncide avec le pouvoir », *La Philosophie de l'argent*, p. 146 de la présente édition.

le repli dans une vision uniformisée et indifférente des valeurs. Le blasé – tout comme le « cynique » – baigne dans un écoulement uniforme de sollicitations (« le flot perpétuellement en mouvement de l'argent ») qui consonne avec l'antique *ta panta rei*[37] héraclitéen… Être blasé s'impose comme un figement paradoxal, indifférent à son propre mouvement, autrement dit comme une énergie pure et sans forme.

De sorte qu'à ce moment-là, une autre dialectique affleure, qui met en regard la distance et la proximité modernes. Cette dialectique est liée à l'opposition entre la masse (la foule des grandes villes) et l'individualité (le repli individuel). C'est pourquoi la lecture en termes médiatiques reste plus que jamais pertinente, en vertu du fait que l'argent et la grande ville se traduisent avant tout par leur massification. On pourrait ainsi étendre à la ville tout entière ce qu'écrit Patrick Watier sur l'argent :

> Simmel conçoit la naissance de médias de communication généralisée tels que l'argent, qui rendent possibles des associations ou des activités communes entre individus différenciés physiquement, socialement ou éloignés dans l'espace. De tels moyens permettent que de plus en plus d'humains soient en relation, ils signifient une victoire sur la distance[38].

---

37. *Ta panta rei* : « tout s'écoule ».
38. Patrick Watier, *Georg Simmel sociologue*, p. 104.

Proximité physique et distance intellectuelle, cette dialectique se loge de manière paradigmatique dans la figure de l'étranger [39] qu'il reprend alors dans *La Philosophie de l'argent*. Le repli est une réponse interne aux excitations externes, qui voit primer l'intellectualité et le calcul (il faudrait dire la computabilité) sur la relation et la qualité. C'est pourquoi l'argent, au même titre que la grande ville, voit le triomphe et le repliement du quantitatif sur le qualitatif.

Il n'est guère étonnant alors dans la logique récursive de Simmel que la forme d'écriture à laquelle il a recours soit, elle aussi, marquée par ce même principe de fixation dans le mouvement : la typification ou le type psychologique.

Quel est la nature de ces types ? Reprenons pour le comprendre le projet de la préface :

> Et l'achèvement de l'expérience empirique remplacerait sans doute aussi peu la philosophie – entendue comme interprétation, coloration, accentuation sélective du réel par l'individu – que la perfection de la reproduction mécanique des phénomènes ne rendrait superflus les arts plastiques.

Liée, comme on l'a vu, à l'optique de Simmel, cette profession de foi repose sur une opposition entre les arts mécaniques et les arts plastiques, et s'inscrit, de ce fait, contre le procédé de « la reproduction mécanique » qui sera au cœur de la réflexion à venir de Walter Benjamin et, au-delà,

39. Que Simmel a, par ailleurs, étudiée à part entière.

de l'école de Francfort tout entière. Ces auteurs se rejoignent dans la méfiance qu'ils manifestent à l'endroit de la *reproductibilité* comme facteur d'appauvrissement de la culture par son objectivation et son uniformisation. Dans sa prudence face à l'approche photographique de la culture, l'*argent* s'aligne sur l'*argentique*, en ce sens que ce pur « moyen » vectorise l'ensemble des interactions humaines et sociales en vue de les standardiser, autrement dit de les mécaniser…

Tout cela peut nous permettre de reconsidérer la question des types psychologiques que décrit Simmel. On sait à quel point Bergson (et l'« élan vital ») influe sur la pensée « vitaliste » de Simmel, mais ce pourrait aussi être le cas du Bergson théoricien du rire [40]. À travers la psychologie des téléologies monétaires, Simmel pointe le potentiel « comique » de certaines des typifications qu'il décrit. Moyennant quoi il faut peut-être chercher les descriptions typifiées de l'avare, du prodigue, du cynique non seulement dans la veine wébérienne de l'*idéal-type*, mais encore dans celle, comique, d'un théâtre (*du monde* [41])

40. Le fait que la célèbre définition du rire – « du mécanique plaqué sur du vivant » – soit demeurée comme l'emblème de son essai, prouve peut-être que c'est bien la corrélation entre le comique et le répétitif qui traduit la force théâtrale du personnage type.

41. L'image du monde comme un théâtre (ou *theatrum mundi*) constituerait, à cet égard, une nouvelle annonce de l'interactionnisme goffmanien qui s'adosse, comme on le sait, à une vision dramaturgique des relations et espaces sociaux.

qui, en *mécanisant l'humain*, figure, lui aussi, des esprits figés dans leur stéréotypie [42] : de la *commedia dell'arte* à la grande comédie moliéresque…

Le type reflète l'épistémologie d'une philosophie qui fige sans pouvoir les « dépasser » (au sens hégélien de l'*Aufhebung*) les termes de ses dialectiques, en préférant développer une écriture de l'alliance, de l'oxymore et de l'antithèse. On aurait là l'une des pistes pour comprendre un autre motif obsédant de Simmel qui envisage l'argent toujours plus fermement comme un nouveau Dieu, précisément dans cette capacité qui serait le propre de la divinité à rassembler, à conjoindre et à plaquer les contraires et les oppositions. Cela explique l'expression *coincidentia oppositorum* que le philosophe emprunte à plusieurs reprises à Nicolas de Cuse. L'argent est ainsi producteur d'une « trivialité uniformément morne et grise », d'une indifférence qui neutralise les polarités et, partant, les désirs. L'argent est un écoulement, qui baigne les valeurs dans un fleuve toujours le même… Ce fleuve, que la poésie rimbaldienne qualifie d'*impassible* [43], serait bien à son tour

---

42. Notons, d'ailleurs, que, dans d'autres textes de Simmel, on trouverait d'autres types psychologiques ou psychosociologiques, ainsi de la « victime de la mode » ou du « héros de la mode », par exemple…

43. Rappelons l'incipit du « Bateau ivre » : « Comme je descendais des Fleuves impassibles / Je ne me sentis plus guidé par les haleurs. »

typique de l'attitude cynique et blasée du sujet moderne.

En ce sens, l'argent est un *medium* paradoxal, qui colore le monde de sa propre puissance de décoloration, et qui se diffuse de manière massive dans des formes qui se dévitalisent comme des stases : soit des états moins mouvants que mus par l'écoulement des désirs au sein de séries téléologiques qui s'arrêtent dans des types devenus inaptes au dépassement et à la projection. Noyé dans l'océan urbain des contacts et des calculs, le sujet moderne est emporté par des flots d'excitations qui révèlent avec Simmel leur constitutive « liquidité [44] », pour parler comme Zygmunt Bauman. C'est finalement en ce sens que la modernité s'impose, pour Simmel, comme l'âge de l'*excitation* : une excitation que l'on pourrait définir comme l'oubli sans cesse répété des finalités sur le chemin destiné à les atteindre.

Olivier AÏM.
Serge KATZ.

44. Dans le prolongement direct de la pensée simmelienne, Zygmunt Bauman s'impose comme le philosophe des sociétés dites « liquides ». Citons notamment des ouvrages comme *La Vie liquide*, *Le Présent liquide* ou encore *L'Amour liquide*.

NOTE SUR CETTE ÉDITION

Nous avons traduit le texte suivant : Georg Simmel, *Philosophie des Geldes* (hrsg. von David P. Frisby und Klaus Christian Köhnke, Gesamtausgabe / Georg Simmel ; 6), Frankfurt am Main, Suhrkamp, 1989.

PHILOSOPHIE DE L'ARGENT

Partie analytique, 3e chapitre, sections 1 et 2

Chapitre III

L'ARGENT DANS LES SÉRIES DOTÉES D'UNE FINALITÉ [1]

I

La grande opposition de toute l'histoire de l'esprit : le réel, dans ses contenus, doit-il être appréhendé d'après ses causes ou ses effets – l'opposition

1. Ce titre et l'approche de Simmel évoquent directement l'analyse de l'action rationnelle que proposera le sociologue Max Weber (que Simmel fréquentait) dans *Économie et société* (1921). Ce dernier distingue tout d'abord l'action rationnelle de l'action traditionnelle (quasi mécanique, produit de l'habitude) et de l'action affective (agir sous le coup de l'émotion, de l'énervement). Il distingue ensuite deux types d'action rationnelle. L'action rationnelle par rapport à une finalité (*Zweckrationalität*) est l'action de « celui qui oriente son activité d'après les fins, moyens et conséquences subsidiaires, et qui confronte en même temps rationnellement les moyens et la fin, la fin et les conséquences subsidiaires et enfin les différentes fins entre elles ». L'action rationnelle associée à une valeur (*Wertrationalität*), vise,

entre l'inclination causale et téléologique[1] de la pensée – a pour archétype une différence au cœur de nos motivations pratiques. La sensation que nous nommons pulsion instinctive[2] apparaît liée à un phénomène physiologique où des énergies comprimées réclament leur relâchement : une fois celles-ci

---

elle, « celui qui agit sans tenir compte des conséquences prévisibles de ses actes, au service qu'il est de sa conviction portant sur ce qui lui apparaît comme demandé par le devoir, la beauté, les directives religieuses, ma piété ou la grandeur d'une "cause" quelle qu'en soit la nature ». On voit ainsi combien les premiers sociologues allemands mettent au centre de leurs questionnements la place de la rationalité dans les institutions et les comportements sociaux. De ce point de vue, Simmel se situe, selon Frédéric Vandenberghe, entre Marx et Weber : « Simmel corrige, généralise et poursuit la critique marxiste de l'aliénation et, en même temps, il anticipe l'analyse wébérienne de la rationalisation de la culture et de la société, tout en lui donnant une tournure métaphysique. Si l'on a pu dire que *La Philosophie de l'argent* n'aurait pas pu être écrite si elle n'avait été précédée du *Capital*, on pourrait ajouter que *Économie et société* de Weber aurait difficilement pu être écrit sans la *Philosophie de l'argent.* » (F. Vandenberghe, *La Sociologie de Georg Simmel.*)

1. « Téléologique » : qui se rapporte à la téléologie, c'est-à-dire l'étude de la finalité.

2. Le premier titre de la *Philosophie de l'argent* était *Psychologie de l'argent*. Si Simmel emploie parfois les mêmes termes qu'une psychologie en pleine émergence (« excitation », « pulsion », « désir », « seuil », « énergie », « jouissance »), il reste que sa vision est aussi nourrie d'une forme de vitalisme philosophique (de celui de Bergson en particulier) qui l'en distingue. Ici donc, le terme de « pulsion » (*Trieb* qui, en allemand, signifie également « impulsion », « instinct », voire « appétit ») ne doit pas être entendu au

converties en acte, l'impulsion prend fin – s'il s'agit réellement d'une pure pulsion, celle-ci est « assouvie » aussitôt qu'elle s'est libérée d'elle-même dans l'acte, pour ainsi dire. À cette détermination linéaire, qui se réfléchit dans la conscience comme la sensation instinctive la plus primitive, s'opposent les actions dont l'origine – dans la mesure où cette origine se présente comme un contenu de conscience – réside dans la représentation de leur résultat. D'une certaine manière, nous ne nous sentons pas agis par-derrière, mais entraînés par-devant. Par conséquent, la satisfaction n'advient pas purement et simplement à travers l'acte qui assouvit la pulsion, mais d'abord à travers le résultat que l'acte provoque. Quand une sorte d'agitation intérieure sans but particulier nous pousse à un mouvement violent, le cas relève de la première catégorie ; de la seconde, si nous faisons le même mouvement afin d'atteindre un but hygiénique spécifique. Ne manger que pour combler sa faim découle de la première ; manger sans faim, à des fins de dégustation culinaire seulement, de la seconde. L'usage de la fonction sexuelle à la façon des animaux, de la première ; mais il s'agit de la seconde quand une jouissance particulière est alors recherchée. Cette différence me semble essentielle sous deux aspects. Dès lors que nous agissons par simple pulsion, déterminés par une

---

sens freudien, mais au sens d'une impulsion, d'un élan des « énergies », d'une pression des forces vitales en deçà de la conscience.

pure causalité – au sens étroit –, il n'y a aucune identité de contenu entre la constitution psychique qui motive l'action et le résultat auquel elle aboutit. Quand ce sont des énergies qui nous mettent en mouvement, cet état a aussi peu de relations qualitatives avec l'action et sa réussite que le vent qui, secouant l'arbre, fait tomber un fruit. En revanche, quand la projection du succès est éprouvée comme motivation, la cause et l'effet se confondent dans leurs contenus conceptuel et perceptif. Pour autant, dans ce cas également, la cause de l'action est la force réelle – encore que peu formulable plus précisément d'un point de vue scientifique – de la représentation ou, plutôt, de ses corrélations physiques qui doivent être absolument distinguées de leur contenu pensé. Car ce contenu, teneur idéelle de l'action ou de ce qui advient, est en soi absolument dénué de toute force ; il n'est valable qu'à un niveau conceptuel ; il ne peut devenir réalité que s'il devient le contenu d'une énergie effective : de même que la justice ou la morale n'ont, en tant qu'idées, jamais d'efficacité sur l'histoire, mais n'ont de puissance qu'une fois endossées par des forces concrètes dont elles sont la mesure substantielle. La querelle de compétence entre causalité et téléologie au sein de notre action se résout donc ainsi : comme le résultat, quant à son contenu, est présent sous la forme d'une efficacité psychique avant qu'il ne se pare d'une visibilité objective, la relation causale, inflexible, ne connaît pas la moindre perturbation ;

car celle-ci ne prend les contenus en compte que s'ils sont devenus énergies, et alors, cause et résultat sont entièrement séparés – et pour chacun, l'identité que manifestent leurs contenus idéels, ici aussi, n'a absolument rien à voir avec la cause réelle.

Il y a une autre différence, plus importante pour notre entreprise : celle qui permet la caractérisation l'un par rapport à l'autre du pulsionnel et du vouloir doté d'une finalité. Dès lors que notre action n'obéit qu'à une détermination causale (au sens étroit), tout le processus prend fin avec la transformation de la pression des énergies en mouvement subjectif : la sensation de tension disparaît dès que l'action issue de la pulsion est accomplie. Cette pulsion s'épuise totalement dans son prolongement naturel, le mouvement, si bien que l'ensemble du processus reste prisonnier du sujet. Tout autre est le processus animé par la conscience du but. En effet, un certain résultat objectif à travers l'acte y est d'abord recherché, ce processus se concluant par la réaction produite par le résultat sur le sujet et par le sujet sur le résultat. La signification fondamentale de l'action dotée d'une finalité réside donc dans l'interaction qu'elle instaure entre le sujet et l'objet. En nous mêlant à cette interaction, le simple fait d'exister élève l'action dotée d'une finalité à la hauteur de l'intériorité de l'esprit. De ce point de vue, notre rapport au monde pourrait être comparé à une courbe qui irait du sujet à l'objet, l'engloberait, et s'en retournerait au sujet. Il est vrai que chacun de nos contacts fortuits et mécaniques avec les choses peut apparaître selon le même schéma extérieur, mais dès lors que l'action est dotée d'une finalité, celui-ci est traversé et rassemblé par l'unité de la conscience. Considérés en tant qu'êtres naturels, nous sommes en continuelle interaction avec le monde naturel environnant, mais en complète coordination avec celui-ci. C'est seulement à partir de l'action dotée d'une finalité que le moi se différencie comme personnalité des éléments naturels intérieurs (et extérieurs). En d'autres termes : c'est seulement sur la base d'une telle séparation, entre un esprit doté d'une volonté personnelle et la nature entendue comme pure causalité, que devient possible une unité supérieure entre eux, unité qui s'exprime par la courbe téléologique. À quelques nuances près, ce rapport fondamental se retrouve dans la différence que l'on pense déceler entre le travail de l'homme civilisé et celui de l'homme primitif : l'un progresse régulièrement et méthodiquement, l'autre avance de façon déréglée et par à-coups : le premier doit triompher des résistances que notre organisme lui oppose de façon volontaire, alors que le second semble se réduire au défoulement de la force nerveuse accumulée dans les centres psychiques.

Cependant, il ne s'agit pas pour autant d'affirmer que le sujet agissant est nécessairement habité par la fin propre de toute action dotée d'une finalité, comme si la raison d'une réalisation objective résidait toujours dans le sentiment qu'en retour elle éveille en nous. Si tel est le cas des actions proprement égoïstes, il existe par ailleurs un nombre incalculable d'actions pour lesquelles l'identité de contenu entre le motif et le résultat ne touche qu'au résultat entendu alors comme l'objet extra-subjectif. Dans d'innombrables cas, l'énergie intérieure dont provient notre action ne saisit sous sa forme consciente que son issue concrète, et abandonne tout à fait en dehors du processus téléologique l'effet prolongé qu'elle provoque en nous. Certes, si le résultat de notre acte ne déclenchait pas, en dernier ressort, un sentiment en nous, aucune force motrice aspirant à sa réalisation ne procéderait de sa représentation. Mais, bien qu'indispensable, ce dernier *maillon* de l'action n'est pas pour autant sa *fin* ultime. Notre vouloir téléologique s'arrête bien plus souvent à son résultat concret et, consciemment, ne s'interroge pas davantage à son propos. Si donc nous devions énoncer la formule du processus doté d'une finalité par opposition au processus de la causalité pulsionnelle – restant cependant à préciser dans quelle mesure cette opposition pourrait être dite méthodologique, car procédant du mode d'observation – nous dirions que l'action dotée d'une finalité signifie l'interdépendance consciente de nos énergies subjectives et d'une existence objective, cette interdépendance impliquant une double amplification de la réalité au sein du sujet : premièrement par anticipation du contenu de cette réalité sous la forme de l'intention subjective, deuxièmement, en retour, par l'efficacité de sa réalisation sous la forme d'un sentiment subjectif. C'est à partir de ces déterminations que se développe le rôle de la finalité dans le système de la vie.

Il en découle pour le moment que les buts dits immédiats entrent en contradiction avec le concept même de fin. Si la fin signifie une modification à l'intérieur de l'être objectif, alors cette modification ne peut être réalisée qu'à partir d'un *acte*, qui médiatise par l'existence extérieure la fin projetée intérieurement. Notre action est comme un pont sur lequel le contenu de la fin visée passe d'une forme psychique à une forme réelle. Dans son essence, la fin est liée à cette chose factuelle qu'est le moyen. Ainsi, elle se distingue, d'un côté, du pur mécanisme – et de son corrélat psychique, la pulsion – dans lequel, *immédiatement*, les énergies de chaque moment se déchargent complètement dans le suivant, sans se référer à un moment tiers – le moment suivant ne dépendant donc que de celui qui lui précède immédiatement : la formule de la finalité comprend trois termes, celle du mécanisme seulement deux. D'un autre côté, parce que, dans son essence, elle dépend du moyen, la fin se distingue aussi de l'action divine, telle qu'on l'imagine : la puissance d'un dieu ne saurait admettre de médiation matérielle ou temporelle entre sa volonté et sa réalisation. Intermédiaire entre ces deux pôles, l'action humaine n'est rien d'autre que le triomphe d'entraves inexistantes pour un dieu. Si nous concevons ce dieu autrement qu'à l'image de l'imperfection terrestre, alors sa volonté doit immédiatement déboucher sur la réalité voulue. Quand on évoque une fin dernière que Dieu assignerait à la destinée du monde, cela ne peut être que dans un sens très différent, à savoir comme le dernier état temporel où celle-ci se termine. Mais si, pour les sentences divines, cet état était aux états antérieurs ce qu'une fin humaine est à ses moyens, c'est-à-dire leur seule valeur et leur seule visée, on ne voit pas pourquoi Dieu ne l'aurait pas immédiatement créé en passant outre des stades intermédiaires aussi ennuyeux qu'insignifiants. Car Dieu n'a pas besoin de moyens techniques, contrairement à nous, qui faisons face à un monde autonome avec des forces réduites, bornées à des progressions très graduelles car contraintes à un continuel compromis avec les obstacles qui les arrêtent. En d'autres termes : pour Dieu, il ne saurait y avoir de fin, car il n'y a pas de moyen [1].

---

1. Ce raisonnement par l'absurde, qui montre l'incohérence à penser un Dieu parfait doté de moyens imparfaits, et qui, en définitive, critique la conception d'un finalisme divin anthropomorphe, rappelle, tout en ne servant pas les mêmes visées philosophiques, l'argumentation que Spinoza développe dans sa critique du finalisme dans *L'Éthique*. Dans l'appendice au premier livre, Spinoza s'en prend en effet à des préjugés qui « dépendent tous de cet unique point, que les hommes supposent communément que tous les êtres de la nature agissent comme eux pour une fin ; bien plus, ils tiennent pour certain que Dieu même conduit toutes choses vers une certaine fin déterminée. Dieu, disent-ils, a tout fait pour l'homme, et il a fait l'homme

Cette opposition éclaire le sens propre de ce que l'on relevait plus haut : le processus téléologique suppose une interaction entre le moi personnel doté d'une volonté et la nature extérieure. Le mécanisme intercalé entre la volonté et sa satisfaction est autant une liaison qu'une séparation. Il traduit l'impossibilité, pour la volonté, d'accéder par elle-même à sa satisfaction et incarne l'obstacle qu'elle surmonte. L'idée que l'on puisse déterminer opportunément ses buts est donc par essence relative, dans la mesure où cette idée présuppose toujours ce qui est étranger à la finalité et, en anticipant de le transformer, en est indissociable. Si une telle transformation était superflue, on n'en viendrait pas à définir des buts, la volonté porterait déjà en soi son accomplissement. L'acte propre où se prolonge la volonté orientée vers une fin est le premier cas où nous nous apercevons du double caractère du moyen : à travers lui, nous sentons, toute proche, la résistance de l'être extra-psychique en nous-mêmes, mais aussi l'énergie directrice qui la surmonte, chacune devenant consciente et gagnant son essence spécifique par l'autre. Or si le faire ne peut générer

---

pour en être adoré ». Cette doctrine a notamment pour conséquence de détruire « la perfection de Dieu ; car si Dieu agit pour une fin, il désire nécessairement quelque chose dont il est privé ». On sait que Spinoza s'oppose à cette idée, puisque pour lui Dieu est tout – ce qui n'est pas le propos de Simmel – et ne saurait donc connaître le manque – idée que reprend en revanche ici l'auteur de la *Philosophie de l'argent*.

immédiatement la réalité objective du but, mais pour cela, doit d'abord introduire un autre événement extérieur, qui, de son côté, produit le résultat souhaité, cet événement intercalaire sera ici de même nature que notre action : tous deux sont également un mécanisme, mais un mécanisme conduisant de l'esprit à l'esprit ; l'un alternant continuellement avec l'autre pour former la courbe, dont le premier et le dernier points se situent dans la psyché. Et le nombre moyen de maillons qui forment cette courbe dans un style de vie donné sera révélateur de la connaissance et de la maîtrise de la nature, autant que de l'étendue et du raffinement de la manière de vivre : ici émergent les complications sociales que la création de l'argent porte à son comble.

Le rapport avec ce qui suit est clair. S'il s'agit d'atteindre un but D, et, à cette fin, de produire une suite d'événements mécaniques A B C, de telle façon que B soit ordonné par A, C par B, et D seulement par C, alors cette série déterminée par D dans son contenu et son orientation, dépend de la connaissance du rapport de cause à effet entre ses membres. Si je ne savais pas déjà que C est susceptible de produire D, B de produire C, etc., je demeurerais tout à fait démuni avec mon envie de D. Jamais un enchaînement téléologique ne peut progresser sans que soient préalablement connues les liaisons causales inverses de ses éléments. D'ailleurs le but nous le rend bien, qui, de son côté, suscite communément l'envie de rechercher les relations de cause à effet. La chaîne téléologique trouve donc sa possibilité logique, quant à son contenu, dans la chaîne causale, mais son intérêt, c'est-à-dire sa possibilité psychologique régulière, dans le vouloir d'un but. L'interaction ainsi décrite, qui, de façon très générale, définit le rapport de la théorie à la pratique, a pour corollaire évident que l'approfondissement de la conscience causale est parallèle à celui de la conscience téléologique. La longueur des séries dotées d'une finalité dépend de la longueur des séries causales. En outre, la possession des moyens génère de nombreuses fois non seulement la réalisation du but, mais d'abord son idée.

Pour comprendre dans toute son importance cet enchevêtrement de l'être naturel et de l'être spirituel, on doit garder à l'esprit ce qui semble une évidence : nous pouvons atteindre davantage de buts, et des plus significatifs, avec des séries de moyens à intermédiaires multiples plutôt qu'avec des séries courtes. L'homme primitif, dont la connaissance des causes naturelles est très réduite, est de ce fait tout aussi limité quant aux fins qu'il se donne. La courbe de finalité intégrera chez lui à peine plus d'intermédiaires qu'un acte physique et son effet immédiat sur chaque objet, *pris isolément*. Que la réaction escomptée ne se produise pas pour lui, et l'invocation d'une instance magique, dont il attend le résultat désiré, apparaîtra alors moins comme une prolongation de la série téléologique que comme le signe de son impossibilité. Là où une courte série ne suffit pas, soit il renoncera à son désir, soit, cas nettement plus fréquent, il ne le formera pas. L'étirement de la série signifie que le sujet fait travailler les forces des objets à un niveau croissant. Plus les besoins primitifs sont satisfaits, plus la série téléologique requiert de termes. Seule une connaissance perfectionnée de la causalité réussit parfois à en réduire le nombre, en découvrant des connexions plus directes, des chemins de traverse dans l'ordre naturel. Cela peut aller jusqu'à un retournement de la relation naturelle : aux époques relativement primitives, on subvient encore aux besoins élémentaires par d'élémentaires séquences dotées d'une finalité, alors que les besoins supérieurs et différenciés nécessitent de multiples détours et étapes ; au contraire, la civilisation technique avancée est précisément dotée de modes de production relativement plus simples et plus directs pour ces derniers, alors que la satisfaction des impératifs vitaux fondamentaux rencontre des difficultés croissantes, qui requièrent des moyens toujours plus complexes pour être dépassées. En un mot, le développement de la civilisation conduit à l'accroissement des séries téléologiques pour ce qui est matériellement proche et à leur réduction pour ce qui est éloigné. C'est ici qu'intervient la notion capitale d'*outil*[1] dans notre

1. L'allemand joue ici des nuances de sens du mot *Werkzeug*, outil et instrument, ce qui permet à Simmel, dans la suite du texte, de passer plus facilement d'une notion à l'autre (voire au

examen de l'action dotée d'une finalité. La forme première de toute courbe téléologique est celle qui entraîne les réactions d'un objet extérieur, qui, conformément à sa propre nature, produit un effet sur nous au point attendu. Or l'outil signifie l'introduction d'une instance entre le sujet et cet objet, instance qui occupe une position centrale entre eux, non seulement au niveau spatio-temporel, mais aussi quant au contenu. Car si l'outil s'apparente bien à un objet extérieur, dont l'efficacité est purement mécanique, on agit non seulement *sur* lui mais aussi *avec* lui – comme avec la main. L'outil, c'est le moyen en puissance, car sa forme et son existence sont déjà déterminées par sa finalité, alors que, au cours du processus téléologique primaire, c'est seulement après coup que les existences naturelles sont mises au service du but. Celui qui enterre une graine, pour profiter plus tard du fruit de la plante au lieu de se satisfaire de la pousse sauvage, agit bien de manière téléologique, mais, au final, le but apparaît dans sa main ; quand on prend pelle et pioche à cette occasion, on repousse plus loin le point où les processus naturels sont abandonnés à eux-mêmes, on amplifie le moment subjectivement déterminé par rapport au moment objectif. Avec l'outil, nous ajoutons volontairement un nouveau maillon à la séquence dotée d'une finalité, prouvant

---

caractère instrumental des institutions sociales), anticipant ainsi les analyses anthropologiques de Leroi-Gourhan.

seulement ainsi que le chemin le plus court n'est pas toujours le plus droit. L'outil est d'un type que l'on pourrait appeler notre créature dans le monde extérieur : d'un côté, il est totalement créé par nos forces et, de l'autre, totalement incorporé à nos fins. Comme il n'est pas une fin, il lui manque l'indépendance qui caractérise celle-ci, soit qu'on lui attache une valeur absolue, soit que nous attendions d'elle un quelconque effet sur nous : l'outil est le moyen absolu. Or, dans son principe, l'outil n'est aucunement limité à l'efficience physique. Au contraire, que l'intérêt ne se porte pas directement sur la production matérielle, mais sur ses aspects spirituels, ou encore sur d'autres événements immatériels, et l'outil acquiert en fait une forme plus pure encore : car il est alors entièrement la création de notre volonté, et n'a pas à s'accommoder de la spécificité et de la résistance inhérente à un matériau. Les institutions sociales en fournissent peut-être l'exemple le plus manifeste : leur utilisation donne à l'individu la possibilité d'accéder à des fins que ses capacités purement individuelles ne lui permettraient jamais d'atteindre. Mis à part ce qu'il y a de plus commun – la participation à l'État et à la protection extérieure qu'il procure, qui est généralement la condition de la plupart des actions dotées de finalités de type individuel – les dispositifs propres du droit civil, par exemple, offrent à la volonté du particulier des possibilités de réalisation dont il resterait sinon entièrement privé. En empruntant le détour de la forme juridique du contrat, du testament, de l'adoption, etc., l'individu se saisit d'un outil qui, fabriqué par la collectivité, décuple sa force personnelle, prolonge la portée de ses réalisations, assure ses résultats. Les interactions de la multitude génèrent des institutions objectives – l'accidentel se polit par friction réciproque et la symétrie des intérêts permet la convergence des contributions : ces institutions sont ainsi assimilables à la gare centrale d'innombrables courbes téléologiques individuelles, qui offre un outil tout à fait approprié à la poursuite de ces trajets, et autorise leur extension vers des points qui seraient demeurés sinon inaccessibles. Il en va de même avec le culte ecclésiastique : c'est un instrument [1] élaboré par l'ensemble de l'Église, qui objective les sentiments typiques qu'elle suscite. Pour les fins dernières de la religiosité, situées dans les hauteurs ou dans l'intériorité, il s'agit, à n'en pas douter d'un détour : mais un détour pas un instrument qui, à la différence de n'importe quel outil matériel, tire *toute* son essence de buts que les individus ne se sentent pas en mesure de gagner seuls, en suivant un chemin direct.

Nous touchons enfin au point où l'argent trouve sa place dans l'enchevêtrement des fins. Je commencerai par ce qui est universellement connu. Tout échange économique repose sur le fait que je veux

1. Voir la note précédente, p. 59.

avoir quelque chose qui se trouve à ce moment en possession d'un autre, et que celui-ci me le cède si, en échange, je lui donne quelque chose que je possède et qu'il veut avoir : il est clair comme de l'eau de roche que le dernier terme de ce processus symétrique ne se présentera pas à chaque occurrence du premier. D'innombrables fois, je convoiterai l'objet a, qui se trouve en possession de A, alors que l'objet ou le service b, que je donnerais volontiers en contrepartie, sera tout à fait sans attrait pour A ; ou bien encore, ces deux biens seront bel et bien désirés de part et d'autre, mais l'accord sur les quantités à travers lesquelles ils se correspondent ne pourra être établi par une évaluation directe. C'est pourquoi il est d'un très grand intérêt pour parvenir au mieux à nos fins que soit introduit dans la chaîne des buts un terme dans lequel b puisse à tout moment être converti, et qui, de son côté, pourra de la même façon être converti en a – un peu comme lorsque une force quelconque, celle de l'eau qui tombe, celle des gaz portés à haute température, celle des ailes du moulin propulsées par le vent, peut être transformée en n'importe quelle espèce de force par le truchement d'un générateur dynamo-électrique. Tout comme mes pensées doivent prendre la forme de la langue communément comprise, pour que je puisse, par ce détour, faire avancer mes entreprises pratiques, de la même manière, mon acte ou mon avoir doivent prendre la forme de la valeur monétaire pour servir le progrès de ma volonté. L'argent est la plus pure forme de l'outil, du type décrit ci-dessus : c'est une institution dans laquelle l'individu verse son acte ou son avoir, afin d'atteindre par ce point de passage des objectifs auxquels il ne pourrait accéder en concentrant directement ses efforts sur eux. Le fait que chaque homme travaille directement avec l'argent fait apparaître encore plus distinctement que les exemples précédents le caractère instrumental de ce dernier – cela, bien qu'il n'épuise ni son essence ni son efficacité dans la pièce que j'ai en main, mais qu'essence et efficacité résident dans l'organisation sociale et les normes supra-subjectives qui font justement de l'argent l'instrument de fins multiples et de grande portée, au-delà de sa limitation, de son insignifiance et de sa rigidité matérielles. Nous disions au sujet des formations de l'État et du culte que, exclusivement faites de forces spirituelles et nullement contraintes de conclure des compromis avec des matériaux extérieurs et leurs règles autonomes, elles exprimaient entièrement leur fin dans la totalité de leur essence. Mais elles sont de la sorte si proches de leurs finalités spécifiques qu'elles atteignent déjà le fond de ces dernières, et que, bien souvent, leur aspect instrumental éveille l'animosité – elles seraient sans valeur en elles-mêmes, elles ne seraient que des moyens activés des volontés opérant par-derrière – et incite à proclamer que ces finalités sont les valeurs morales ultimes. En ce qui concerne l'argent, nul ne songerait à occulter ainsi sa qualité de moyen. À la différence des institutions susdites, il n'a guère de rapport de contenu avec chaque fin spécifique qu'il nous aide à atteindre. Il plane tout à fait indifféremment au-dessus des objets, du fait qu'il en est encore séparé par le moment de l'échange : ce que transmet l'argent comme un tout, ce n'est donc pas la possession des objets, mais l'échange des objets.

Dans ses formes achevées, l'argent est le moyen absolu : il relève d'une totale résolution téléologique et refuse toute détermination émanant d'autres types de séries ; il se limite à une pure essence de moyen et d'instrument par rapport aux fins, aucun but isolé ne lui est préjudiciable dans son être, de sorte qu'il procure à la série dotée d'une finalité un point de passage tout à fait indifférent. C'est sans doute là la preuve la plus décisive que l'être humain est « l'animal fabriquant l'outil », ce qui, à vrai dire, s'accorde au fait qu'il est « l'animal qui se dote de fins ». L'idée de moyen qualifie en général la position de l'homme dans le monde : il se distingue de l'animal, lié au mécanisme de la vie instinctive et à l'instantanéité de la volonté et de la jouissance, mais il n'a pas non plus de pouvoir immédiat tel que nous l'envisageons chez un dieu, chez qui la volonté est déjà en soi réalisation de ce qui est voulu. Il s'inscrit entre les deux : il possède la faculté de vouloir bien au-delà de l'instant, mais ne sait réaliser cette volonté que par le détour d'une séquence téléologique articulée. Si, pour Platon, l'amour était un état intermédiaire entre l'avoir et le non-avoir, alors l'amour serait à l'intériorité subjective ce que le moyen est à l'extériorité objective. Et de même que pour l'homme, sans cesse à la poursuite de ses aspirations, jamais durablement satisfait, toujours et seulement en devenir, l'amour est, en ce sens-là, l'état spécifiquement humain, de même, le moyen et sa forme redoublée, l'outil, sont, d'une autre façon, le symbole de l'humanité : le moyen manifeste et englobe toute la grandeur de sa volonté, mais, en même temps, il représente la forme qui la circonscrit. Toute notre projection de l'avenir trouve peut-être son origine dans la nécessité pratique d'éloigner de nous la fin, afin d'insérer une série de moyens – comme la faculté de la mémoire engendre le passé – et de donner ainsi forme à la manière humaine d'aborder l'existence, qui évolue sur la ligne de partage des eaux entre passé et avenir, prédéfinie dans son extension et sa limitation. Or l'argent représente la plus pure réalisation du moyen, il est le moyen concret qui, sans réserve, correspond à son concept abstrait : le moyen par excellence. En tant que tel, l'argent incarne, accroît et sublime la position pratique de l'homme – l'être indirect, pour le dire avec une brièveté presque paradoxale – et sa puissance potentielle par rapport aux contenus de sa volonté : là est l'importance capitale de l'argent pour la compréhension des motivations fondamentales de la vie. Mais si mon observation s'étend si loin dans la direction qui va de l'argent à la totalité de la vie, c'est qu'on peut ainsi faire le déplacement inverse, ce qui est notre but provisoire : identifier l'essence de l'argent d'après les relations intérieures et extérieures que prennent en lui leurs expressions, leurs moyens ou leurs résultats. Parmi les déterminations examinées jusqu'ici, il en est une qu'aussitôt je voudrais reprendre, parce qu'elle montre avec une évidence particulière à quel point le caractère abstrait de l'argent peut trouver à se convertir en réalités pratiques.

J'ai évoqué plus haut que, pour se représenter et se procurer les moyens, un but déjà établi n'était absolument pas une condition nécessaire, que ce sont plutôt les substances et les forces disponibles qui, souvent, nous incitent à accomplir d'abord certains objectifs intermédiaires : une fois que la fin a donné l'idée du moyen, le moyen donne l'idée de la fin ; grâce à l'*outil*, entendu comme la modalité du moyen la plus élaborée, cette relation est transférée en une forme, certes modifiée, mais en revanche chronique, pour ainsi dire. Alors que, dans sa forme ordinaire et élémentaire, le moyen s'épuise complètement dans la réalisation du but, et que sa force et son intérêt instrumental dépérissent une fois son service accompli, l'essence de l'outil est de se perpétuer au-delà de son usage particulier, ou encore : d'être appelé à un nombre de services imprévisible à l'avance. Cela ne vaut pas seulement pour les mille cas de la pratique quotidienne pour lesquels il n'est pas besoin d'exemple, mais aussi pour des cas très complexes : que de fois les organisations militaires, instruments exclusivement assignés au déploiement extérieur de la force, sont employées, contrairement à leur finalité originelle, par les dynasties au service de visées politiques intérieures ; et surtout : que de fois une relation entre êtres humains, établie à des fins bien spécifiques, en vient à être investie de contenus plus étendus et d'un tout autre caractère. Si bien que l'on peut dire que toute organisation humaine durable – familiale, économique, religieuse, politique, conviviale – tend à se doter de buts auxquels elle n'était auparavant pas destinée. On le voit bien à présent, un outil a d'autant plus de sens et de valeur – *ceteris paribus* [1] – s'il peut servir un grand nombre de buts et si sa réalité investit un plus grand cercle de possibilités ; et dans cette même mesure justement, s'il devient d'autant plus indifférent en soi, incolore et objectif par rapport à toute particularité, et prend une plus grande distance par rapport à toute fin spécifique. Comme l'argent, le moyen par excellence, remplit tout à fait à cette dernière condition, il revêt aussitôt une importance cruciale dans cette perspective. On peut d'abord formuler cela en avançant que la valeur d'une somme d'argent déterminée dépasse la valeur de chaque objet particulier que l'on peut acheter avec elle : car elle donne la possibilité de choisir, suivant un grand cercle illimité, au lieu de tel objet, tel autre. Il est

1. *Ceteris paribus* : « toutes choses égales par ailleurs ».

vrai que, en définitive, elle ne sera échangée qu'avec *un seul* ; mais la possibilité du choix est un avantage qui, dans la valeur de l'argent, doit être pris en compte. L'argent n'ayant de rapport avec aucun but particulier, il est investi d'une relation universelle avec tous les buts. Parmi les outils, l'argent est donc celui dont on anticipe au maximum le potentiel d'utilisation, si bien qu'on lui accorde la valeur maximale qui puisse jamais être atteinte de la sorte. La simple *possibilité* de son emploi illimité, que l'argent a – autant qu'il est – du fait de son manque absolu de contenu propre, a pour corollaire positif qu'il ne sait pas être en repos et pousse continuellement à son usage, spontanément [1]. De même que

1. Ce passage de Simmel a une parenté certaine avec la manière dont Marx analyse la dynamique incessante du capital : « [Les motivations du capitaliste] ne sont pas la valeur d'usage et la jouissance, mais la valeur d'échange et sa multiplication. C'est en fanatique de la valorisation de la valeur qu'il contraint sans ménagement l'humanité à la production pour la production, et donc à un développement des forces productives sociales [...]. Le capitaliste n'est une personne respectable qu'en tant que personnification du capital. En tant que tel, il partage avec le thésauriseur cette pulsion d'enrichissement absolue. Mais ce qui apparaît comme une manie individuelle est chez le capitaliste l'effet du mécanisme social, dans lequel il n'est qu'un rouage. En outre, le développement de la production capitaliste fait de l'accroissement constant du capital placé dans une entreprise industrielle une nécessité, et la concurrence impose à chaque capitaliste individuel de se soumettre à la contrainte extérieure des lois immanentes du mode de production capitaliste. Elle contraint à étendre sans cesse son capital pour le

dans les langues pauvres en vocabulaire, le français par exemple, la nécessité de signifier par le biais d'une même expression autorise une profusion d'allusions, de rapports et d'harmoniques psychologiques, et que l'on peut dire, ainsi, que la richesse de ces langues procède justement de leur pauvreté, de même, le vide sémantique de l'argent provoque-t-il le plein de ses significations pratiques, voire exhorte à remplir de continuels néologismes l'infinité conceptuelle de sa sphère de signification, et à imaginer des contenus toujours nouveaux pour la forme pure qu'il représente : car elle n'est un point d'arrêt pour aucun, mais un lieu de passage pour tous. En définitive, les multiples marchandises ne sont toutes convertibles qu'en une seule valeur : l'argent ; alors que l'argent, lui, est convertible dans toute leur diversité. Au regard du travail, cela a pour conséquence que le capital-argent peut quasiment toujours être transféré d'une application à une autre – tout au plus avec une certaine perte, mais souvent avec profit – tandis que le travail ne peut quasiment jamais l'être, et d'autant moins qu'il est non qualifié. Aujourd'hui il est à peu près impossible que le travailleur dégage son art et son habileté au métier pour en investir un autre. Si l'on prend en considération la question de la liberté du choix, il est donc désavantagé par rapport au détenteur de

---

conserver, et il ne peut l'étendre qu'au moyen d'une accumulation progressive. » (Karl Marx, *Le Capital,* Livre I, PUF, 1993.)

l'argent, comme le détenteur de marchandises. C'est pourquoi la valeur d'une somme donnée représente la valeur de chaque objet spécifique dont elle est l'équivalent, plus la valeur de la liberté de choix entre un nombre indéterminé d'objets semblables – un plus qui, dans la sphère de la marchandise ou du travail, ne présente guère d'analogie, même approximative.

Cet excédent de valeur de l'argent qui apparaît sous nous yeux semblera plus solidement fondé, et rehaussé à un point plus élevé, si on examine la décision qui fait émerger cette liberté de choix dans la réalité. On a mis en évidence qu'un bien utilisable de plusieurs façons, mais en quantité suffisante seulement pour *une* de ses utilisations potentielles, serait estimé par son possesseur en fonction de la plus importante ; persister dans ses applications mineures passerait pour improductif et déraisonnable. Quand des biens sont donnés en masse et suffisent à tous leurs usages, voire davantage encore – les biens sont alors en concurrence pour chaque affectation –, ils sont estimés à la valeur de leur utilisation la moins précieuse ; à l'inverse ici – où les affectations sont en concurrence pour chaque bien – la plus précieuse des utilisations est le maître étalon de chaque bien. Ceci n'est jamais aussi totalement vrai qu'avec l'argent. En effet, comme l'argent est mobilisable pour toute acquisition économique, on peut donc, avec chaque somme donnée, pourvoir au besoin subjectif le plus significatif du moment. Le choix que procure l'argent n'est pas particulièrement limité comme avec tous les autres biens : le vouloir humain ne connaissant aucune limite, pour chaque somme d'argent disponible, d'innombrables utilisations potentielles sont en concurrence. Comme alors la décision la plus sensée se porte toujours sur le bien le plus convoité, l'argent est nécessairement estimé, à tout instant donné, à la même valeur que l'intérêt ressenti comme le plus important à ce même instant. Un stock de bois ou un chantier de construction, qui ne peuvent suffire qu'à une seule utilisation parmi diverses souhaitées, et donc sont évalués en fonction de la plus précieuse d'entre elles, n'ont cependant pas de signification, pour ainsi dire, au-delà de l'étroitesse provinciale de tout leur territoire. Mais l'argent est libre et c'est pourquoi sa valeur renvoie au plus haut intérêt *présentement* existant qu'ait à couvrir la somme disponible, en relation avec son *quantum*.

De plus, la possibilité de choisir, que l'argent recèle en tant que moyen abstrait, ne concerne pas seulement les marchandises proposées simultanément, mais aussi les moments auxquels il peut être utilisé. En aucun cas la valeur d'un bien ne se détermine seulement d'après la signification effective que ce bien réalise, à l'instant de son usage. La plus ou moins grande liberté de choisir cet instant représente un coefficient qui peut fortement exacerber ou diminuer l'estimation du bien et l'importance de son contenu. Nous discutions plus haut de la potentialité qui provient d'un grand cercle de possibilités d'application, situées *les unes à côté les autres :* à présent de celle qui procède de leur *succession*. Le bien le plus précieux est – toutes choses égales par ailleurs – celui que je *peux* utiliser dès à présent, sans *devoir* l'utiliser dès à présent. La série des biens concrets se déploie entre ces deux extrêmes qui, diversement échelonnés, modifient eux-mêmes leur valeur. Dans un cas, le bien peut être consommé dès maintenant, mais pas plus tard, dans l'autre, il peut être consommé plus tard, mais pas maintenant. Si par exemple on échange en été des poissons que l'on vient de prendre contre une fourrure à ne porter qu'en hiver, la valeur des premiers se verra accrue du fait que je peux les manger sur-le-champ, celle de la seconde pâtira de l'ajournement de son utilisation, qui entraîne tous les risques de détérioration, de perte et de dépréciation. En outre, la valeur des premiers baissera, parce que l'article se gâtera dès le lendemain, celle de la seconde augmentera, parce que son usage peut être différé. Plus un objet utilisé comme moyen d'échange réunit en lui les deux principes d'accroissement de la valeur, et plus il possède la qualité de l'argent : pur moyen, l'argent représente en effet leur synthèse optimale. Parce qu'il ne possède aucune propriété concrète, présageant de son utilisation, mais n'est qu'un outil d'acquisition de valeurs concrètes, la liberté de son utilisation est aussi grande par rapport à son moment qu'aux objets qu'il permet d'obtenir.

Cette valeur particulière de l'argent – qui procède de son absence complète de relation avec toute chose ou moment spécifique, de sa récusation absolue de toute finalité propre, de son caractère abstrait de moyen – entraîne la prépondérance de qui donne l'argent sur qui donne la marchandise. Les exceptions – refus de vendre à cause d'attaches affectives, de boycott ou de constitution de cartels – procèdent de certaines situations individuelles, les biens recherchés contre argent n'étant alors pas remplaçables par d'autres. À vrai dire, il manque ici cette liberté de choix qu'offre l'argent à son détenteur – et avec elle son avantage particulier – parce que précisément, c'est alors une détermination univoque de la volonté qui tient lieu de choix. Mais généralement, le détenteur d'argent savoure cette liberté à double face, et pour la céder au détenteur de marchandises, il revendiquera un équivalent particulier. C'est ce qui apparaît bien avec la « prime », principe très intéressant du point de vue de la psychologie économique. Lors de l'achat de marchandises qui se pèsent et se mesurent, on attend du vendeur qu'il « mesure bien », c'est-à-dire qu'il en donne au moins un petit peu plus, ce qui arrive presque toujours. Il faut ajouter, cela dit, qu'une erreur est plus vite arrivée en mesurant des marchandises qu'en comptant de l'argent. Ce phénomène caractéristique n'en demeure pas moins : le donneur d'argent a le pouvoir d'imposer l'interprétation de cette possibilité à *son* avantage, possibilité qui, en soi, n'est pourtant pas plus favorable ou défavorable à une partie qu'à l'autre. Il est révélateur que l'« acheteur » conserve cet avantage, même lorsque son interlocuteur donne également de l'argent. Le client attend du banquier qu'il soit « coulant », tout comme l'assuré de la compagnie d'assurances en cas de dommage : c'est-à-dire qu'ils concèdent un peu plus, au moins dans la forme, que ce qui est absolument exigible légalement. Le banquier et la compagnie d'assurances ne donnent que de l'argent. Leur client, quant à lui, ne pense pas à se montrer libéral et coulant envers eux, il s'en tient à son rôle. En fait, les sommes d'argent qui sont engagées de chaque côté n'ont pas la même signification. Pour le banquier et la société d'assurances, l'argent avec lequel ils traitent est leur marchandise ; c'est uniquement pour le client que l'on peut parler d'« argent » au sens où nous l'entendons ici, c'est-à-dire une valeur qu'il *peut* certes consacrer à la Bourse ou à l'assurance, mais en aucun cas obligatoirement. Alors que les premiers n'ont d'autre choix que d'employer l'argent – en réalité, leur marchandise – dans une seule direction déterminée. La libre utilisation confère à l'argent du client une prépondérance, dont l'attitude « coulante » de ses interlocuteurs est l'équivalence. Quand cependant, celui qui donne l'argent accorde un « supplément » – ainsi des pourboires au garçon de café ou au cocher – alors il exprime la condition du pourboire :

sa prééminence sociale. Comme toutes les manifestations d'ordre monétaire, celle-ci n'est pas du tout isolée dans le système de la vie, mais, en quelque sorte, révèle un de ses traits principaux, sous la forme à la fois la plus pure et la plus évidente : dans toute relation, celui qui a l'avantage est celui qui attache le moins d'importance au contenu de la relation. Dit ainsi, cela peut paraître tout à fait paradoxal. Car plus intense est notre désir d'une possession ou d'une relation, plus la jouissance qu'on en tire est profonde et passionnée – l'exaltation attendue déterminant la force de la volonté ! Or précisément, c'est ce qui suscite et justifie le privilège de celui qui désire le moins. Il est dans l'ordre des choses, en effet, que celui qui retire moins de la relation soit dédommagé par quelque compensation. Cela vaut bien pour les plus subtiles et les plus intimes des relations. Dans toute relation fondée sur l'amour, le moins aimant extérieurement a l'avantage. Car de prime abord, l'autre renonce plus volontiers à tirer profit de la relation : il est le plus disposé au sacrifice, celui qui offre contre une plus grande quantité de satisfaction une plus grande quantité de dévouement. Mais ce n'est que justice. La quantité de désir correspondant à la quantité de bonheur, il est équitable que la forme de la relation confère un avantage spécial à celui qui désire le moins – avantage qu'il peut en général imposer, parce qu'il sait attendre, se réserver et poser ses conditions. L'avantage de celui qui donne l'argent n'est donc pas immérité. Comme il est généralement celui qui désire le moins au cours de la transaction marchandise-argent, l'équilibre entre les parties est rétabli grâce à l'avantage concédé par le plus désirant, au-delà de l'équivalence objective des valeurs échangées. Ce qui, en définitive, conduit aussi à penser qu'il ne jouit pas de l'avantage parce qu'il *a* de l'argent, mais parce qu'il le dépense.

La prérogative que l'argent tire de son autonomie par rapport à tout contenu et mouvement spécifiques des échanges, se manifeste encore dans d'autres séries de phénomènes, dont le type est fourni par ces financiers qui, constants lors de très violentes et très ruineuses perturbations de l'économie, ont même l'habitude d'en tirer profit dans des proportions très élevées. Quelles qu'aient été les nombreuses faillites et les vies anéanties du fait de chutes de prix et de hausses insensées du marché, l'expérience montre que ces dangers contraires pour vendeurs et acheteurs ou créanciers et débiteurs sont généralement profitables aux grands banquiers. L'argent, outil parfaitement indifférent du mouvement économique, se fait rétribuer ses services quels qu'en soient le sens et le tempo. Il est vrai qu'il doit s'acquitter d'un impôt pour cette liberté : sa neutralité entraîne facilement le bailleur de fonds à devoir répondre aux exigences de deux partis hostiles, si bien qu'il est plus facilement suspecté de trahison que quiconque opérant avec des valeurs qualitativement déterminées. Au début des temps modernes, lorsque les puissances financières – les Fugger et les Welser, les Florentins, les Génois – intervinrent dans les décisions politiques, notamment dans le violent combat des Habsbourg et des Français pour l'hégémonie européenne, ils furent constamment considérés avec méfiance par chaque parti, y compris ceux qui leur avaient emprunté d'énormes sommes. Car justement, on n'était jamais sûr de ces financiers. Le pur commerce de l'argent ne les liant jamais sans ambiguïté même pour l'instant à venir, l'ennemi qu'ils venaient d'aider à combattre ne voyait guère d'obstacle à les aborder de son côté avec ses demandes et ses offres. L'argent a cette propriété très positive que l'on décrit par une notion négative : être sans caractère. L'être humain que nous désignons comme dépourvu de caractère a pour attribut essentiel de ne pas se laisser déterminer par la dignité – intérieure et de contenu – de personnes, de choses et d'idées, mais de se faire violenter par la force quantitative avec laquelle l'impressionne le particulier. Ainsi en est-il de l'argent, abstrait de tous les contenus spécifiques et consistant en pure quantité, qui marque de sa couleur, celle de l'absence de caractère, les hommes qui ne gravitent qu'autour de lui – part d'ombre quasi logique et nécessaire de chaque avantage de l'activité financière et de l'estimation particulière de l'argent par rapport aux valeurs qualitatives. Comme nous l'avons mentionné plus haut, cette prépondérance de l'argent s'exprime d'abord par le fait que le vendeur est toujours plus intéressé et plus zélé que l'acheteur. En effet, ici se réalise une forme extrêmement significative de tout notre comportement envers les choses : entre deux classes de valeur opposées l'une à l'autre et envisagées dans leur totalité, la première sera clairement supérieure à la seconde, mais le contenu ou exemplaire particulier de la seconde aura l'avantage sur son correspondant dans la première. Ainsi, à choisir entre tous les biens matériels et tous les biens idéaux, nous nous déciderions nécessairement en faveur des premiers, parce qu'y renoncer serait nier la vie en général, y compris dans ses contenus idéaux, alors que nous n'hésiterions pas à abandonner chaque bien matériel pris au hasard contre n'importe quel bien idéal. De même, dans nos rapports humains, nous sommes sûrs que telle relation prise dans son ensemble est pour nous bien plus appréciable et plus indispensable que telle autre. Cependant, à certains moments et sous certains aspects, ce qui est globalement moins précieux devient parfois plus réjouissant et plus séduisant. Il en est de même entre les objets de valeur concrets et l'argent : si l'on avait à choisir entre la totalité des uns et la totalité de l'autre, on constaterait l'absence de valeur intrinsèque de l'argent, car nous n'aurions là qu'un pur moyen sans aucune fin à servir. Supposons en revanche une certaine quantité de marchandises et une certaine quantité d'argent : l'échange de la première contre la seconde sera d'ordinaire bien plus intensément désiré que le contraire. Ce rapport ne s'institue pas seulement entre les objets en général et l'argent en général, mais aussi entre ce dernier et les catégories particulières de marchandises. Une simple épingle n'a quasiment pas de valeur, mais les épingles en général sont quasiment indispensables, et « absolument irremplaçables par de l'argent ». Il en est de même avec d'innombrables espèces de marchandises. La possibilité d'en acheter facilement un exemplaire les dévalue par rapport à l'argent, ce dernier apparaissant comme la puissance maîtresse qui dispose de l'objet. En revanche, si nous envisageons la marchandise dans sa totalité, en tant qu'espèce, celle-ci est dans sa signification tout à fait incommensurable avec l'argent, elle a face à lui cette valeur autonome, si souvent cachée à notre conscience par la facilité avec laquelle on s'en procure à nouveau un exemplaire singulier. Mais comme l'intérêt économique-pratique *s'attache quasi exclusivement à l'exemplaire singulier ou, plutôt, à une somme limitée d'exemplaires*, l'économie monétaire a réellement conduit à nous faire estimer les choses selon leur prix. Ce qui entretient un rapport de réciprocité évident avec le fait suivant : il est d'un intérêt prépondérant d'avoir en main l'argent plutôt que l'objet.

Voilà qui aboutit en fin de compte à un phénomène général, que l'on pourrait nommer le *superadditum* [1] de la richesse et comparer à l'*unearned*

1. *Superadditum* : ce qui vient en surplus, qui est ajouté.

profit[1] de la rente foncière. Le riche jouit de privilèges qui dépassent le bénéfice de ce qu'il peut se procurer pour son argent. Avec lui, le vendeur commerce plus sûrement et à meilleur marché qu'avec le pauvre, et tout un chacun, *y compris celui qui ne profite pas de sa richesse*, le traite avec plus de prévenance – il plane autour de lui une sphère idéale de considération qui va sans dire. Partout on peut observer toutes sortes de petits traitements de faveur accordés à l'acheteur de marchandises dispendieuses, au passager de train de première classe, etc. Ces faveurs ont si peu à voir avec les valeurs concrètes qu'il a payées, comme le sourire amical du commerçant en train de vendre sa marchandise la plus chère, elles représentent au contraire un supplément gratuit, dont le consommateur du produit le moins cher reste privé sans pour autant pouvoir revendiquer le droit de se plaindre d'un tort effectif – ce qui, à vrai dire, est le plus dur en l'espèce. Un phénomène, très anecdotique en soi, montre ceci d'une façon très caractéristique. Dans les tramways de quelques villes, il y a deux classes aux tarifs différents, sans que la première n'offre un quelconque avantage ou confort particulier. Ce qu'on achète avec un tel tarif, c'est d'être exclusivement avec des personnes qui paient plus, pour être séparé des voyageurs payant moins. Ici, le plus riche peut se

1. *Unearned profit* : bénéfices qui ne sont pas tirés d'une activité professionnelle : rente, dividendes, pensions...

procurer un avantage *immédiat* en dépensant plus – et non en vertu d'un équivalent[1] positif à sa dépense. D'un point de vue extérieur, il s'agit du contraire du *superadditum*, puisqu'il n'est pas donné plus au riche pour son argent, mais relativement moins, par rapport au pauvre. Pourtant, le *superadditum* de l'argent se manifeste bien ici, mais en négatif, pour ainsi dire, et dans une forme particulièrement plus pure : le riche acquiert son privilège sans détour par une chose, seulement parce que d'autres ne peuvent pas débourser autant d'argent que lui. La richesse vaut même comme une sorte de mérite moral ; ce qui s'exprime non seulement dans la notion de *respectability*[2] ou dans la manière populaire de nommer les gens aisés les « honnêtes gens » ou la « meilleure société », mais se traduit aussi par le phénomène corrélatif suivant : le pauvre

---

1. Cette anecdote sur le tramway rappelle les mécanismes de la *consommation ostentatoire* que le sociologue et économiste américain Thorstein Veblen (1857-1929) met en évidence, de manière frappante, quasiment au moment même où Simmel publie sa *Philosophie de l'argent*. Dans *Théorie de la classe de loisir* (1899), il décrit comment la consommation des rentiers et de tous ceux qui sont à l'abri de la nécessité (et de la nécessité de travailler) répond moins à un besoin qu'à une logique de distinction et d'affichage d'un statut social. T. Veblen dénonce leur oisiveté et la consommation de produits de luxe comme un véritable gaspillage. Simmel développe en plusieurs endroits de son texte des analyses comparables – sans intention accusatrice, en ce qui le concerne.

2. *Respectability* : respectabilité.

est traité comme s'il était coupable, le mendiant est chassé avec *colère*, et même les personnes généreuses se croient légitimées à manifester une supériorité naturelle sur les pauvres. Lorsqu'à Strasbourg, en 1536, on édicte, pour la corporation des serruriers, que le lundi après-midi doit être chômé par tous les artisans gagnant plus de huit kreutzers, on accorde aux mieux pourvus un bienfait qui, suivant la morale, aurait dû être accordé aux indigents. Mais justement, le *superadditum* de la richesse prend plus d'une fois la forme d'un cercle vicieux. L'idéalisme pratique, celui, par exemple, d'un travail scientifique non rémunéré, est généralement considéré avec plus grand respect et vénéré comme supérieur moralement, s'il est le fait d'un homme riche plutôt que d'un misérable maître d'école ! Ces bénéfices usuraires [1] de la richesse, ces avantages qu'elle rapporte à son possesseur sans qu'il n'ait rien à dépenser, sont liés à la forme monétaire des valeurs. Ces phénomènes expriment la liberté d'utilisation sans limite qui distingue l'argent de toute autre valeur. Sous cet aspect, le riche n'agit pas seulement par ce qu'il fait, mais aussi par ce qu'il pourrait faire. Tel un corps astral qui se déploie par-delà son étendue concrète, sa fortune est auréolée du cercle de ses innombrables possibilités d'utilisation, bien au-delà

1. Bénéfices usuraires : bénéfices abusifs, extorqués, l'usure étant, dans le cadre d'un prêt, un taux d'intérêt supérieur au taux maximum prévu par la loi ou la coutume.

de ses acquisitions réelles dont d'autres bénéficient aussi. C'est ce que la langue indique sans équivoque, qui nomme *Vermögen* – c'est-à-dire pouvoir, être capable de – les moyens financiers considérables. Toutes ces possibilités, dont, il est vrai, seule une part minime se réalisera, se soldent pourtant psychologiquement. Elles se coagulent pour produire l'impression d'une puissance indéterminée, refusant toute définition par le résultat qu'elle peut produire, impression d'autant plus forte que la fortune est plus mobile, qu'elle est facilement mobilisable pour n'importe quel but, c'est-à-dire qu'elle est intégralement formée d'argent, ou convertible en argent, et que l'argent lui-même est plus strictement un outil et un point de passage, sans aucune qualification téléologique. La pure potentialité que l'argent incarne, dans la mesure où il est pur moyen, se condense en une représentation homogène de pouvoir et de sens, qui devient effectif comme pouvoir et sens concrets en faveur de son détenteur – à peu près comme la grâce d'une œuvre d'art n'est pas seulement imputée à son contenu et aux réactions psychiques qui, par nécessité matérielle, lui sont liées, mais aussi aux combinaisons de sentiment, aléatoires, individuelles et indirectes, qu'elle évoque d'une manière ou d'une autre, et dont seule la somme indéterminée représente pour nous la totalité de sa valeur et de sa signification.

Il est dans la nature de ce *superadditum*, si on l'interprète bien, d'être d'autant plus apparent que la possibilité et la liberté de choix de son utilisation se réalisent plus complètement, et ceci, en fonction de la situation générale de son possesseur. Dans le cas du pauvre, le moins qui puisse être : car son revenu, qui suffit tout juste à ses besoins vitaux, est déterminé *a priori* et ne laisse à ses possibilités d'utilisation qu'une petite marge de manœuvre éphémère. Celle-ci s'accroît avec le revenu, de telle sorte que chacune de ses parties, si elle ne participe pas de manière indispensable à la satisfaction des besoins urgents, du général, du prédéterminé, est dotée d'un *superadditum*. Chaque partie de revenu qui s'ajoute au revenu qui existe déjà participe de l'élévation de ce *superadditum* – bien sûr au-dessous d'un seuil très élevé, au-dessus duquel toute partie de revenu a de ce point de vue la même qualification. Arrivé à ce point, on peut saisir le phénomène en question à travers une de ses conséquences particulières, ce qui, il me semble, permettra d'autres considérations importantes. Nombre de biens sont disponibles en si grandes quantités qu'ils ne peuvent être entièrement consommés par les catégories les plus solvables de la société : pour les écouler, il faut les offrir aux moins riches, voire aux couches sociales les plus nécessiteuses. C'est pourquoi les marchandises de cette espèce ne doivent pas coûter plus cher que ce que ces couches sociales sont en capacité de payer dans les cas les plus extrêmes. On pourrait qualifier ceci d'une loi de limitation des prix à la consommation : une marchandise ne peut jamais être plus chère que ce que les couches sociales les moins aisées peuvent payer, et auxquelles elle doit être encore proposée, étant donné sa quantité disponible. On pourrait voir là une permutation de la théorie de l'utilité marginale[1], qui passerait de l'individuel au social : au lieu du besoin le plus bas pouvant être encore satisfait par une marchandise, c'est le besoin des plus bas qui, ici, prévaut dans la fixation des prix. Cet état de fait entraîne un avantage énorme pour l'individu aisé. Car alors, pour lui aussi, les biens les plus indispensables sont également à sa disposition à un bien meilleur marché que ce qu'il aurait à payer s'il était le seul à acheter : contraint d'acheter les denrées élémentaires, le pauvre les abaisse à bon prix pour le riche. Quand bien même ce dernier devrait consacrer une part de son revenu aussi grosse que celle du pauvre aux besoins primaires (alimentation, logement, habillement), il en conserverait toujours plus, dans

1. Théorie économique développée simultanément par Carl Menger, William Stanley Jevons et Léon Walras au début des années 1870. Contrairement aux économistes classiques, qui définissent la valeur d'un bien par la quantité de travail qu'il incorpore, ces économistes dits « néo-classiques » partent des choix opérés par les individus. Selon eux, la valeur d'un bien est liée à son utilité marginale, c'est-à-dire à l'utilité que procure la consommation d'une unité supplémentaire de ce bien. Ils énoncent la loi de l'utilité décroissante : ainsi, si pour un homme assoiffé un verre d'eau est inestimable, la valeur d'un deuxième verre d'eau, puis d'un troisième et ainsi de suite, diminue au fur et à mesure qu'il étanche sa soif.

l'absolu, pour satisfaire ses aspirations au luxe. Or, le riche jouit encore du privilège additionnel de pouvoir couvrir ses besoins urgents avec une part de ses revenus relativement bien plus réduite. Grâce à cet excédent, il est libre de choisir l'affectation de l'argent, ce qui lui attire une attention et une faveur dépassant son véritable pouvoir économique. Les moyens financiers du pauvre ne forment pas cette sphère de possibilités infinies, parce qu'ils sont de prime abord déterminés à aboutir immédiatement, et sans aucune alternative possible, à des buts très définis. Dans la main du pauvre, il ne s'agit donc pas du tout des mêmes « moyens », purs et abstraits comme dans celle du riche, parce que la finalité, déjà, passe en eux, les colore et les dirige aussitôt, raison pour laquelle aussi notre langue dit très subtilement, et seulement à propos d'une personne dotée de ressources financières *importantes*, qu'elle « a les moyens » [1]. D'ailleurs, à cette liberté s'ajoutent

1. Ce raisonnement de Simmel sur la consommation différentielle des riches et des pauvres doit être rapproché des travaux du statisticien allemand Ernst Engel (1821-1896). Ce dernier a laissé à la postérité trois « lois » qui décrivent l'évolution de la structure de la consommation selon le niveau de vie. La première, encore connue sous le nom de « loi d'Engel », énonce que la part des dépenses consacrées à l'alimentation est d'autant plus faible que le revenu est élevé. La deuxième, que la part des dépenses de vêtements, de logement, chauffage et éclairage reste stable quel que soit le revenu. La troisième, enfin, que la part consacrée aux dépenses qu'il qualifie « de luxe »

d'autres formes de *superadditum*. Là où les fonctions publiques ne sont pas rémunérées, seuls des gens aisés peuvent détenir les places dirigeantes. Un général de la ligue achéenne, par exemple, ne devait pas être moins fortuné qu'un membre du parlement britannique – du moins jusqu'à récemment. Ainsi, dans les pays qui paient très peu leurs fonctionnaires s'instaure souvent une ploutocratie intégrale par la transmission héréditaire des hautes charges au sein d'un petit nombre de familles. Alors que la non-rémunération des emplois officiels prétend prémunir l'intérêt pour le service de tout intérêt pécuniaire, la charge publique, avec tous ses honneurs, pouvoirs et opportunités, s'avère en fait une annexe de la richesse. Et le lien avec la forme argent de cette richesse est facile à concevoir : cette forme seule, du fait de son indifférence téléologique, laisse à la personne une entière liberté pour disposer de son temps, de son lieu de séjour et de la direction de son action. Si la richesse, comme nous l'avons vu plus haut, s'attire les honneurs et, abusant du double sens de *Verdienst*[1], jouit d'une forme d'estime morale, cela est redoublé lorsque les charges d'État ne sont pas appointées et que la détention du magistère des fonctions dirigeantes reste alors inaccessible

(éducation, santé, journaux, voyages...) augmente avec le revenu.

1. En allemand, *Verdienst* signifie à la fois « gain », ou « rétribution » et « mérite ».

au pauvre. Et à nouveau ces fonctions s'accompagnent d'un *superadditum* supplémentaire : la gloire du dévouement patriotique, certes souvent méritée, mais dont le possesseur d'argent est aussi gratifié pour des mobiles tout autre qu'éthiques, par la voie purement technique, pour ainsi dire. On peut repérer le même phénomène à une étape antérieure : ainsi, à la fin du Moyen Âge, quand à Lübeck, des gens aisés adhéraient volontiers à *plusieurs* confréries pour garantir d'autant plus sûrement le salut de leur âme. L'Église médiévale mettait également à disposition des voies techniques pour acquérir les biens de la religion. Ces voies n'étaient praticables que par les riches – comme cette participation à des confréries de plusieurs types – et apportaient gratuitement, au préalable, en deçà de leurs fins transcendantales, un *quantum* de considération et d'avantages terrestres en bonus. Dans une perspective plus strictement psychologique, le dépassement du seuil de richesse défini plus haut entraîne le *superadditum* suivant. Avec une fortune supérieure à ce seuil, la question du coût d'un objet convoité ne se pose absolument plus dans de nombreux cas. Ce qui en dit bien plus long que ce que l'usage entend par cette expression. En effet, comme nous l'avons analysé, tant que le revenu est encore alloué à des usages prédéterminés, chaque dépense est inéluctablement chargée de l'idée de l'argent sollicité. Pour la majorité des personnes, entre le désir et la satisfaction, se pose encore la question : « combien cela coûte-t-il ? », question qui génère une certaine matérialisation de la chose, inconnue des véritables aristocrates de l'argent. Qui possède de l'argent au-delà d'une certaine quantité en retire l'avantage supplémentaire de pouvoir le mépriser. Les modes d'existence qui n'ont pas à se préoccuper du prix des choses ont un charme esthétique extraordinaire, ils ont la possibilité de décider d'une acquisition selon une perspective objective uniquement, liée exclusivement au contenu et à la signification des objets. Si, en de nombreux cas, la domination de l'argent peut déprécier la singularité des choses et la conscience qu'on en a, il est impossible aussi de ne pas reconnaître que l'argent les accroît parfois : les qualités des objets ont au moins la possibilité psychologique – aussi rare se réalise-t-elle – d'émerger d'autant plus individuellement que leur attribut commun, la valeur économique, se projette et se localise dans une forme extérieure. Le mode d'existence en question n'ayant pas à se soucier d'argent, il échappe aux diversions et aux atteintes qui, par une référence au prix intrinsèquement étrangère aux choses, assombrissent leur qualité et leur valeur purement concrètes. Lorsqu'un individu un peu moins fortuné peut acheter le même objet que le très riche, ce dernier jouit encore du *superadditum* psychologique : l'acquisition et la jouissance aisées, immédiates et résolues étant chez le premier troublées par la question lancinante du sacrifice financier. Nous verrons plus loin que l'indifférence blasée fait ombre à la richesse, en vidant, à l'inverse, les choses de leur singularité et de leur saveur concrète. Or, ceci n'est pas le signe de l'incohérence de ce qui précède, mais seulement une confirmation de la nature de l'argent : il renoue les fils totalement contraires de la vie intérieure et extérieure – du fait de son éloignement de toute détermination particulière –, et se présente à chacun comme l'outil pour se construire et s'incarner différemment dans sa direction propre. Ici réside l'incomparable signification historique de l'argent dans le développement de l'esprit pratique. Avec lui, la réduction de la particularité et de l'unilatéralité, propre à toutes les figures empiriques, est atteinte au degré le plus extrême jusqu'ici. Ce que l'on pourrait nommer le tragique de la conceptualisation humaine – à savoir, qu'un concept supérieur doit payer par la vacuité croissante de ses contenus l'étendue avec laquelle il embrasse un nombre croissant de détails – trouve dans l'argent son parfait contrepoint pratique : la forme d'existence, dont les deux côtés sont la valeur universelle et l'absence de contenu, devient en tant qu'argent une réelle puissance, dont la relation à toute opposition des objets en circulation et leurs milieux psychiques, doit être interprétée autant comme une servitude que comme une domination. Le *superadditum* de l'aisance financière n'est rien d'autre qu'une manifestation particulière de ce que l'on pourrait appeler l'essence métaphysique de l'argent : celui-ci dépasse chacune de ses affectations particulières et, parce qu'il est le moyen absolu, élève la possibilité de toutes les valeurs à la valeur de toutes les possibilités.

Je voudrais seulement souligner encore une seconde série de phénomènes compris dans la zone d'influence de ce rapport. Le fait que l'argent s'avère un moyen éminent, élevé au-dessus de toute fin spécifique, a pour conséquence qu'il devient le centre d'intérêt et le domaine spécifique d'individus et de classes, dont la position sociale exclut toutes sortes de desseins personnels et particuliers. Ainsi, les affranchis romains, qui étaient écartés de la pleine citoyenneté et des opportunités qu'elle procurait, se reconvertissaient avec prédilection dans le commerce de l'argent. Et déjà à Athènes au IVe siècle, lors de la première véritable apparition de ce commerce, Pasion, le plus riche banquier, avait commencé sa carrière en tant qu'esclave. En Turquie, les Arméniens, peuplade méprisée et souvent persécutée, étaient souvent négociants et financiers – comme les Mauresques en Espagne sous des conditions similaires. En Inde, ces phénomènes sont fréquents : les Parsis, socialement très exclus, qui se présentent d'ordinaire avec une retenue timide, sont la plupart du temps changeurs ou banquiers ; ou encore la caste métisse des Tschettis, méprisée à cause de son impureté, et qui, dans bien des parties de l'Inde du Sud, a dans ses mains les opérations financières et les richesses. De même, les huguenots, contraints et stigmatisés, se lancèrent avec grand zèle dans l'acquisition d'argent, comme les quakers en Angleterre. Par principe, on ne peut exclure personne de cette acquisition d'argent, car tous les chemins possibles y mènent. Et du pur commerce de l'argent, non plus : parce qu'il exige moins de préalables techniques que n'importe quelle autre activité profitable et échappe donc plus facilement au contrôle et à l'intrusion. Celui qui a besoin d'argent est en général dans une telle détresse qu'il ira consulter la personne la plus méprisée jusque dans le repaire le plus réprouvé. Et comme l'individu privé de droit, en quelque sens que ce soit, ne peut se voir écarté du domaine des purs intérêts d'argent, une association se forme entre ces deux déterminations, qui commence à produire ses effets dans maintes directions : ainsi, la menace du déclassement social qui, d'un côté, planait facilement sur le pur homme d'argent (seuls, souvent, sa puissance et son rôle indispensable lui permettaient d'échapper à un tel sentiment) ; de l'autre, par exemple, les nomades du Moyen Âge, qui, en tous lieux, étaient discriminés, mais qui étaient jugés impartialement en matière d'argent. Le même résultat se produit nécessairement, quand l'exclusion de certains éléments sociaux des garanties et jouissances de la pleine citoyenneté advient, cette fois, non pas en raison de dispositions juridiques ou de fait, mais par renonciation volontaire. Alors que les quakers disposaient déjà de l'entière égalité juridique, ils s'exclurent eux-mêmes des intérêts de leurs compatriotes. Ils ne juraient pas et, ne pouvant prêter serment, n'étaient pas en mesure d'occuper de charges publiques. Ils dédaignaient aussi tout ce qui se rattache à l'embellissement de la vie, jusqu'au sport, et durent même abandonner l'agriculture parce qu'ils refusaient de payer la dîme ecclésiastique. Dès lors, afin de maintenir un intérêt pour la vie extérieure, ils se rabattirent sur l'argent comme sur la seule chose dont ils ne s'étaient pas interdit l'accès. On a remarqué une manifestation similaire chez les Herrenhuter [1], à qui manque tout idéal scientifique, artistique ou sociable, et dont la vie ne laisse subsister d'autre impulsion pratique que l'appât du gain le plus nu, à côté de l'intérêt religieux. L'esprit d'entreprise et la cupidité de nombreux Herrenhuter et piétistes n'apparaît donc pas comme un signe d'hypocrisie, mais comme le fait d'un christianisme malade, fuyant les intérêts culturels, et d'une dévotion qui ne tolère à côté d'elle aucune élévation terrestre, mais seulement la petitesse terrestre. Même

1. Herrenhuter (ou Herrnhuter) : communauté de frères moraves, qui en 1722 fuit la persécution et s'installe en Saxe, sur les terres du comte Nicolas Ludwig von Zinzendorf. Ils fondent alors un village qu'ils nomment Herrnhut. Inspirés du protestantisme de Jean Hus, ils prônent la piété, la simplicité et le service de Dieu (importante activité missionnaire).

aux deux niveaux opposés de l'échelle sociale, il est funeste qu'après la disparition de tous les autres intérêts, l'intérêt pour l'argent demeure encore, telle la strate finale, la plus coriace et la plus impérissable. Par exemple, le fait que la noblesse française de l'*Ancien Régime* [1] se soit retirée de ses obligations sociales découlait de la centralisation croissante de l'État, qui avait pris en main l'intendance des domaines ruraux ; l'État ayant soustrait à la noblesse toute la valeur du contenu de sa fonction dominante, la possession de biens n'eut plus pour elle d'autre signification que celle-ci : en retirer autant d'argent que possible. Ceci fut le dernier point d'intérêt imprenable qui demeurait du lien vivant que la noblesse avait entretenu avec la paysannerie et dont elle était dorénavant écartée : c'est pourquoi tout se réduisit à lui. Cette possibilité inaliénable fait déjà des opérations financières l'*ultima ratio* des éléments socialement défavorisés et opprimés. Or le pouvoir de l'argent a encore un effet positif pour ces derniers : gagner des emplois, de l'influence, du plaisir, alors que l'on est exclu de l'épanouissement personnel qui résulte de voies directes liées au rang social, comme le service de l'État ou certaines professions réservées. L'argent est certes un pur moyen, mais à un degré absolu, renvoyant donc toute prédéfinition matérielle : c'est pourquoi il est autant l'absolu *terminus a quo*,

1. En français dans le texte.

menant à tout, que le *terminus ad quem* [1], à quoi tout mène. Aussi apparaît une correspondance de phénomènes : les séquences dotées d'une finalité d'une partie d'un groupe n'excluent pas les autres membres, mais le même façonnage téléologique s'étend à tout le groupe. On dit des Spartiates, par exemple, qui s'interdisaient toute poursuite des intérêts proprement économiques, qu'ils faisaient preuve d'une cupidité remarquable. Il semble que la passion de la propriété, dont la constitution de Lycurgue [2] organisa la répartition de manière peu pratique, se manifesta exactement là où cette propriété possédait le caractère le moins spécifique et où sa restriction était donc le moins facile à mettre en œuvre. On relate également que, pour ce qui est de sa jouissance réelle, il n'y eut longtemps à Sparte aucune différence entre riches et pauvres, qui ne vivaient pas moins bien : à plus forte raison la pléonexie [3] devait-elle se rabattre sur la pure possession d'argent ! Une même constellation de raisons est à l'œuvre quand Éphore [4] nous

1. *Terminus a quo/ad quem* : littéralement, date à partir de laquelle / date jusqu'à laquelle. Ici, s'entend au sens de point de départ / point d'arrivée.

2. Législateur mythique de Sparte, qui aurait vécu au IXe siècle av. J.-C. On lui attribue une constitution qui organise notamment une redistribution des terres et interdit la circulation de monnaie afin de limiter la thésaurisation.

3. Désir généralisé d'avoir, de posséder plus que les autres.

4. Éphore de Cumes : historien grec ayant vécu au IVe siècle av. J.-C. Auteur notamment des *Helléniques* et d'une *Histoire universelle* (– 340).

dit dans un fragment qu'Égine [1] était devenue cette cité commerciale si importante parce que la stérilité du sol avait incité les autochtones à se consacrer au négoce – et Égine fut la première place en Hellade [2] où furent frappées de véritables pièces de monnaie ! Comme l'argent est le lieu d'intersection des séquences dotées d'une finalité allant de n'importe quel point du monde économique à n'importe quel autre, chacun de ces points en prend à l'autre. Au temps où pesait sur certains métiers la malédiction de l'« infamie » la plus grave, même l'argent du bourreau était accepté – certes, on allait si possible s'enquérir de gens de bien pour le toucher d'abord ! Ayant à l'esprit cette puissance qui surmonte tout, Macaulay [3] soutint l'émancipation des Juifs, arguant du contresens de les priver de leurs droits politiques, dans la mesure où ils en possédaient la substance grâce à leur argent. Les Juifs pouvaient selon lui acheter les électeurs, diriger les rois, dominer leurs débiteurs, si bien que les droits politiques ne seraient qu'une formalité parachevant de ce qu'ils avaient déjà. Pour vraiment leur retirer leurs droits politiques, il fallait les assassiner ou les spolier ; mais

1. Île située dans la mer Égée, qui fut une importante cité maritime et commerçante de la Grèce antique.

2. Autre nom de la Grèce antique.

3. Thomas Babington Macaulay : historien et parlementaire britannique (1800-1859). Auteur notamment d'un essai intitulé *Des incapacités politiques des juifs* (1829).

si on leur laissait leur argent, *so we may take away the shadow, but we must leave them the substance* [1] – expression hautement caractéristique d'une inversion téléologique de la notion d'argent. En effet, si l'on s'en tient au contenu, on serait plutôt enclin à désigner la position sociale, politique ou personnelle, comme une valeur réelle et substantielle : c'est en revanche l'argent, cette symbolisation d'autres valeurs et vide en soi, qui est l'ombre pure !

Il n'est nul besoin d'insister sur le fait que les Juifs incarnent le plus bel exemple de cette corrélation entre la centralité d'intérêt pour l'argent et l'oppression sociale [2]. Je ne soulignerai que deux points à

1. « Nous leur enlevons peut-être ainsi l'ombre, mais nous leur laissons la substance. »

2. Rappelons ici que Simmel lui-même est né de parents juifs convertis au protestantisme, et a vécu quasiment toute sa vie dans la marginalité académique. Selon Franz Schultheis et Serge Paugam, « la situation des sociologues juifs en Allemagne se caractérisait longtemps avant la poussée antisémite du nazisme par un statut marginal. Faisant partie du champ tout en n'y étant que de manière provisoire [...], ces sociologues non pas "étrangers" mais tout au moins "étranges", semblaient prédestinés à leur métier de sociologue par leur vigilance et l'indépendance de leurs vues, sorte de nécessité collectivement subie, faite vertu théorique ». Simmel restera longtemps *privatdozent* (maître de conférences sans salaire, payé uniquement par les contributions des étudiants), et n'obtiendra un poste de professeur à l'université de Strasbourg que quelques années avant sa mort. Toujours selon F. Schultheis et S. Paugam, « la sensibilité de Simmel à l'égard du problème de la marginalité n'est certainement pas étrangère à sa propre condition et, de façon plus générale, au statut des juifs

leur propos, décisifs en ce qui concerne la signification fondamentale de l'argent. L'argent des Juifs constituait leur richesse et c'est pourquoi ils furent un objet d'exploitation lucratif et recherché. Car aucune autre possession ne peut être accaparée aussi rapidement et simplement, et avec si peu de perte que l'argent. Tout comme on peut classer sur une échelle les biens économiques selon la plus ou moins grande facilité avec laquelle ils s'acquièrent par le travail, de même peut-on envisager la facilité avec laquelle ils s'acquièrent par le vol. Si on enlève sa terre à quelqu'un, on ne peut en tirer profit sans en faire davantage au préalable, à moins de l'échanger directement contre de l'argent : il y faut du temps, des efforts, toute une entreprise. Naturellement, les biens meubles s'avèrent déjà plus pratiques, bien que les différences effectives qui les distinguent soient nombreuses. La laine, par exemple, était la plus appropriée à cet égard dans l'Angleterre médiévale. C'était *a sort of circulating medium*[1], sur lequel le Parlement reversait une charge aux rois qui y avaient recours en premier quand ils voulaient extorquer de l'argent aux marchands. Quant à l'argent, il représente le point le plus extrême sur

---

en Allemagne à cette époque » (« Introduction », in G. Simmel, *Les Pauvres*, PUF, 1998, 3e éd. 2008).

1. « *A sort of circulating medium* » : littéralement, « sorte de médium (moyen) circulant », c'est-à-dire ici un type de monnaie d'échange.

cette échelle. Sa qualité – être abstrait de toute spécificité –, qui, étant donnée la stigmatisation des Juifs, fit de l'argent leur visée bénéfique la plus appropriée et la moins susceptible de proscription, eut pour contrepartie de constituer une incitation immédiate à les spolier. On ne prouve absolument pas le contraire quand on dit, à propos des expulsions de Juifs au Moyen Âge, que la persécution s'exerçait contre les Juifs riches dans certaines villes, et contre les Juifs pauvres dans d'autres : il s'agit justement, sur la base de ces caractères, d'une démonstration différente de la puissance de l'argent.

En outre, la relation des Juifs au domaine financier s'exprime par une configuration sociologique qui révèle ce caractère de l'argent. Le rôle joué par les *étrangers* au sein du groupe social les incite *a priori* à ce type de relations médiatisées par l'argent, en premier lieu à cause de sa facilité de transport et d'utilisation au-delà des frontières du groupe [1]. La

1. Simmel sera l'auteur, en 1908, de célèbres « digressions sur l'étranger », insérées au sein d'un chapitre de sa *Sociologie* (PUF, 1999) consacré aux liens entre espace et société. Pour lui, l'étranger n'est pas (seulement) celui qui ne possède pas la nationalité du pays dans lequel il vit. C'est plus largement celui qui est à la fois dans et hors du groupe, qui y est présent mais n'en fait pas vraiment partie. « Arrivant aujourd'hui et restant demain, [...] sa position est essentiellement déterminée par le fait qu'il n'appartient pas dès le départ au groupe, qu'il y importe des qualités qui ne proviennent pas et qui ne peuvent pas provenir du groupe. » À cheval entre deux mondes, il prend

relation des étrangers au système monétaire s'annonce déjà par un phénomène présent chez quelques peuples primitifs : la monnaie consiste en signes *importés de l'extérieur.* Ainsi aux îles Salomon ou à Ibo sur le Niger, il existe un genre d'industrie qui produit des signes monétaires avec des coquillages ou d'autres objets, qui ont cours dans les contrées voisines où ils sont exportés, et non à l'endroit de leur fabrication. Ce phénomène rappelle la mode qui, justement lorsqu'elle est importée de l'étranger, est particulièrement prisée et irrésistible [1]. L'argent et la mode sont un arrangement des interactions sociales, et on dirait parfois que les phénomènes sociaux, tels les axes de l'œil, convergent d'autant mieux vers un point qu'il est tenu à distance. L'argent intéresse les étrangers, tout comme il est précieux aux groupes sociaux dépourvus de droits, et pour la même raison : il leur donne

---

souvent la figure du passeur d'idées ou du commerçant (cf. Frédéric Vandenberghe, *La Sociologie de Georg Simmel*).

1. En 1895, Simmel a consacré un essai à la mode. Pour lui, « la mode n'est rien d'autre qu'une forme de vie parmi beaucoup d'autres, qui permet de conjoindre en un même agir unitaire la tendance à l'égalisation sociale et la tendance à la distinction individuelle, à la variation ». Comme l'honneur, elle assemble les semblables et, ce faisant, les distingue des autres. Cependant, le phénomène d'imitation (des classes supérieures par les classes « inférieures ») produit à la fois un phénomène de démocratisation de la mode et de renouvellement incessant de ses contenus pour assurer le maintien des distinctions.

des opportunités, qui sont accessibles aux citoyens de plein droit ou aux autochtones (par des chemins objectifs spécifiques ou par la voie des relations personnelles). Ce sont en effet des *étrangers*, dit-on, qui jetaient de l'argent dans le giron de filles indigènes qui se prostituaient devant le temple de Babylone [1]. Mais le rapport de cause à effet entre la signification sociologique des étrangers et de l'argent passe encore par une autre médiation. Le pur commerce monétaire est manifestement quelque chose de second ; l'intérêt central pour l'argent s'exprime en premier lieu et principalement par le négoce. Or, au début des mouvements économiques, le commerçant est un étranger pour de bonnes raisons. Aussi

---

1. Cette coutume est dépeinte par Hérodote dans son *Histoire* : « Les Babyloniens ont une loi bien honteuse. Toute femme née dans le pays est obligée, une fois en sa vie, de se rendre au temple de Vénus, pour s'y livrer à un étranger. [...] On voit en tout sens des allées séparées par des cordages tendus : les étrangers se promènent dans ces allées, et choisissent les femmes qui leur plaisent le plus. Quand une femme a pris place en ce lieu, elle ne peut retourner chez elle que quelque étranger ne lui ait jeté de l'argent sur les genoux, et n'ait eu commerce avec elle hors du lieu sacré. [...] Quelque modique que soit la somme, il n'éprouvera point de refus, la loi le défend ; car cet argent devient sacré. Elle suit le premier qui lui jette de l'argent, et il ne lui est pas permis de repousser personne. Enfin, quand elle s'est acquittée de ce qu'elle devait à la déesse, en s'abandonnant à un étranger, elle retourne chez elle. Après cela, quelque somme qu'on lui donne, il n'est pas possible de la séduire. » (Hérodote, *Histoire*, livre I, 199, trad. Larcher, Charpentier, 1850.)

longtemps que les cercles de l'activité économique restent circonscrits et ne s'ordonnent pas selon une division du travail raffinée, l'échange ou l'achat immédiat suffisent à la répartition minimale indispensable. On ne recourt au commerçant qu'à partir du moment où l'on cherche à acquérir des biens produits au loin. Or ce rapport est réversible, ce qui est décisif : non seulement le commerçant est un étranger, mais encore, l'étranger est disposé à devenir commerçant. Ceci apparaît bien dès lors que cet étranger n'est plus seulement de passage, mais s'installe et cherche au sein du groupe une activité durable pour vivre. Dans *Les Lois* de Platon, la possession de métal précieux, or ou argent, est interdite aux citoyens et tout négoce ou activité artisanale est par principe réservé aux étrangers [1]. Aussi, le fait que les Juifs soient devenus un peuple de marchands est lié à leur dispersion à travers le monde – si l'on fait abstraction de leur oppression. C'est seulement durant leur dernier exil babylonien que les Juifs furent initiés au commerce de l'argent, qui, jusque là, leur était resté inconnu. Et, souligne-t-on aussitôt, ce sont particulièrement les Juifs de la *diaspora*

1. Dans *Les Lois*, son dernier dialogue, Platon tente de décrire la constitution idéale de la cité utopique des Magnètes, marquée par la stabilité de sa population et la tempérance des comportements, tournés grâce aux lois vers l'intérêt général : « Ô les meilleurs de tous les hommes, dit-il, ne vous lassez pas de respecter la ressemblance et l'égalité qui est entre vous, et l'uniformité et les convenances établies par la nature, tant en ce

qui, en très grand nombre, se seraient consacrés à ce métier. Les gens dispersés, cherchant à pénétrer les milieux culturels plus ou moins fermés, peuvent

---

qui concerne votre nombre qu'en tout ce qui peut se faire de beau et de bon. Et dès à présent commencez par garder pendant toute votre vie le nombre qui a été fixé ; ensuite ne méprisez pas la hauteur et la grandeur de la fortune qui vous a été répartie au début dans une juste mesure, en achetant ou vendant les biens les uns des autres ; car alors vous n'aurez pour vous ni le sort qui a présidé à votre partage et qui est dieu, ni le législateur. » Il préconise ainsi le partage des biens et richesses et l'interdiction de posséder de l'or et de l'argent : « On aura pourtant une monnaie pour les échanges journaliers ; elle est à peu près indispensable pour payer les services des artisans et les salaires de tous ceux qui ont besoin d'être payés, mercenaires, esclaves et fermiers. À cet effet, il faut, disons-nous, disposer d'une monnaie qui ait de la valeur dans le pays, mais qui n'en ait pas pour les étrangers. » (Platon, *Les Lois*, livre V.) En ce qui concerne l'attribution des activités commerçantes entre Magnètes et étrangers, il poursuit : « La plupart des hommes [...] ne mettent point de bornes à leurs besoins, et, au lieu de faire des gains modérés, ils aspirent à des profits sans mesure. C'est pour cela que tous les métiers de revendeurs, de marchands, d'hôteliers sont décriés et sujets à de honteux opprobres [...] aujourd'hui, lorsqu'un homme, dans le dessein de tenir auberge, va bâtir des maisons dans des lieux déserts, où l'on n'arrive qu'après de longs trajets, qu'il reçoit dans une hôtellerie bien venue des voyageurs en détresse, ou battus par de violents orages, et leur fournit un abri tranquille ou un rafraîchissement contre les chaleurs étouffantes, au lieu de les traiter en amis et de leur faire les présents d'amitié qu'on fait quand on reçoit un hôte, il les traite comme des ennemis et des captifs pris à la guerre et exige d'eux des rançons exorbitantes, injustes et malhonnêtes. [...] Or comment

difficilement s'enraciner et trouver une place libre dans la production. Ils sont donc préalablement assignés au commerce en demi-gros. Car ce commerce est bien plus souple que la production primitive et sa marge de jeu peut être déployée quasiment sans limite grâce à de simples combinaisons formelles. Il accepte ainsi plus facilement les éléments venus de l'extérieur qui ne sont pas enracinés dans le groupe. Le trait profond de l'intellectualité juive – l'aptitude, moins à produire des contenus, qu'à se mouvoir dans des combinaisons logico-formelles –

---

pourrait-on remédier à cette maladie dans un État sage ? Il faudrait, en premier lieu, avoir le moins de marchands possible ; en second lieu, y employer des gens qui, s'ils venaient à se corrompre, ne causeraient pas un grand préjudice à l'État, et, en troisième lieu, trouver un moyen pour que ceux qui exerceraient ces professions ne prissent pas aisément l'habitude d'une impudence sans frein et d'une grande bassesse d'âme. Après ces réflexions, portons avec l'aide de Dieu la loi suivante, en souhaitant qu'elle réussisse. Qu'aucun des Magnètes que la faveur des dieux établit dans une nouvelle résidence et qui possèdent les cinq mille quarante lots de terre et les cinq mille quarante foyers ne soit, ni par son choix ni contre son gré, ni marchand, ni négociant ; qu'il ne se mette jamais au service de particuliers qui ne seraient pas ses égaux, si ce n'est de son père, de sa mère, de ses grands-parents et de tous ceux qui sont plus âgés que lui, et qui, dans une condition libre, vivent selon leur état. [...] Voici une seconde loi par laquelle nous ordonnons que ceux qui voudront exercer la marchandise soient des métèques ou des étrangers. Et en troisième lieu, une troisième loi, visant à ce que ceux qui vivront avec nous dans notre État soient les meilleurs et le moins mauvais qu'il se pourra. » (Livre XI.)

doit être compris en interdépendance avec cette situation économico-historique. Comme le Juif était un étranger sans relation organique avec son groupe économique, il fut assigné au commerce et à sa forme sublimée, le pur commerce d'argent. Vers 1300, un statut d'Osnabrück qui avait compris leur situation de manière très remarquable, les autorisa exceptionnellement à encaisser chaque semaine 1 pfennig d'intérêt par mark, donc 36 $^{1/9}$ annuellement, alors que le taux ordinaire était de 10 % maximum. Le trait particulièrement important est qu'ils aient été étrangers non seulement à cause de leurs racines distinctes, mais aussi de leur religion. Puisque la prohibition de l'usure qui avait cours au Moyen Âge ne les concernait pas, ils étaient tout indiqués pour faire office de prêteurs. Et c'est précisément leur absence de liens à la terre qui motivait ce taux d'intérêt élevé : pour eux, les dettes foncières n'étaient jamais garanties – en outre, ils avaient toujours à craindre qu'une puissance supérieure ne décrète l'abrogation de leurs créances (ainsi le roi Wenceslas pour la Franconie en 1390, Charles IV pour le burgrave de Nuremberg en 1347, Herzog Heinrich de Bavière pour les bourgeois de Straubing en 1388, etc.). Pour ses entreprises et ses prêts, un étranger a besoin d'une prime de risque supérieure. Or, de telles corrélations ne valent pas seulement pour les Juifs : elles sont si fondamentalement inscrites dans la nature du commerce et de l'argent qu'elles régissent une série d'autres phénomènes.

J'évoquerai seulement ici quelques exemples modernes. Des Bourses mondiales du XVIe siècle comme Lyon et Anvers furent marquées de l'empreinte d'autres pays en raison de la liberté commerciale quasiment illimitée dont le marchand étranger jouissait sur ces places. Il faut à nouveau le mettre en rapport avec la circulation monétaire qui caractérisait ces places. L'économie monétaire et la liberté de commerce tissent d'étroites et intimes relations, bien que souvent obscurcies par les contingences de l'histoire et les maximes erronées des gouvernements. Le rôle financier des étrangers montre bien leur combinaison. Maintes familles florentines doivent leur importance financière à leur bannissement ou à la privation de leur pouvoir politique par les Médicis, car ne pouvant fomenter aucune autre entreprise à l'étranger, elles y regagnèrent puissance et importance à travers le commerce de l'argent. Il n'est pas sans intérêt de noter à quel point des manifestations éloignées, apparemment de sens divergents, relèvent du même type de rapport, une fois bien considérées. Lorsque, au XVIe siècle, Anvers était la capitale incontestée du commerce mondial, son importance reposait sur les étrangers, les Italiens, Espagnols, Portugais, Anglais, Allemands du Sud, qui s'y étaient établis pour y vendre leurs marchandises. Les Anversois de souche jouaient un rôle très réduit dans le commerce de marchandises et intervenaient principalement en tant que commissionnaires ou, dans le domaine financier, en tant que banquiers. Au sein de cette société internationale, unifiée par les intérêts du négoce mondial, *l'autochtone* jouait justement le rôle si fréquemment réservé à l'étranger ailleurs : la question décisive est ici le rapport sociologique entre un grand groupe et des individus isolés qui lui sont étrangers. Ces derniers, sans relation avec les intérêts concrets des plus nombreux, se retrouvent dès lors dévolus au commerce de l'argent. Certes, dans la plupart des cas, ce rapport s'établira entre autochtones et étrangers. Mais une fois que les Anglo-Saxons eurent absorbé les Britanniques – quand ils ne les avaient pas chassés –, ils les nommèrent « les étrangers » ; et où les étrangers formeront le groupe cohérent et nombreux, comme ce fut le cas à Anvers, et les autochtones la minorité dispersée parmi eux, la même cause sociologique aura le même effet, et la question de savoir quels sont les éléments natifs de la localité ou étrangers perd alors de sa pertinence. Bien au-delà des raisons privées, en quelque sorte, pour lesquelles l'étranger isolé au sein d'un groupe paraît désigné pour le commerce et, par excellence, pour le commerce de l'argent, il est notable que les premières grandes transactions des banquiers modernes, au XVIe siècle, se développèrent totalement par-delà les frontières. L'argent est émancipé de l'étroitesse locale propre à la plupart des séries téléologiques, parce qu'il sert de terme intermédiaire entre n'importe quel point de départ et n'importe quel point d'arrivée. Et si, comme on pourrait presque le dire, chaque élément de l'être historique cherche la forme d'action qui puisse exprimer sa spécificité et sa force propre dans toute leur pureté, alors le grand capital moderne à ses débuts, comme entraîné par l'ambition expansionniste de son exubérance juvénile, poussa à un usage où, par-delà les espaces, sa puissance, sa propension à être mobilisé en tout lieu et son impartialité atteignirent le plus haut degré de conscience. La haine du peuple envers les grands établissements financiers découlait essentiellement du fait que leurs propriétaires et la majorité de leurs représentants étaient généralement des étrangers : c'était la haine du sentiment national envers l'international, haine éprouvée par cet élément simpliste conscient de sa valeur spécifique et qui se sent violenté par une puissance indifférente et sans caractère, dont l'essencc est personnifiée par l'étranger en tant que tel (on trouve un phénomène analogue à Athènes, dans l'aversion des masses conservatrices pour l'intellectualisme des sophistes et de Socrate, pouvoir de l'esprit nouveau et inquiétant qui, neutre et insensible comme l'argent, montrait sa puissance en défiant les barrières des traditions, souvent en les détruisant d'abord). S'y ajoutait – objectivant en quelque sorte cette tendance de l'argent – que l'immense expansion des opérations financières procédait de guerres infinies, entre l'empereur et le roi de France, entre la France et l'Allemagne, entre les religions aux Pays-Bas, etc. La guerre, mouvement purement improductif en lui-même, s'emparait totalement des ressources financières, et le solide commerce de marchandises – toujours confiné localement – fut complètement étouffé par le commerce de l'argent. Et ainsi le chemin du grand capital à l'étranger devint même un acte de trahison direct. En effet, c'est avec l'aide des banquiers florentins que les rois français menèrent pendant longtemps la guerre à l'Italie, avec l'assistance de l'argent allemand qu'ils purent arracher l'Alsace et la Lorraine à l'Empire germanique, et c'est aussi en se servant de la puissance financière italienne que l'Espagne fut en mesure de dominer l'Italie. Ce n'est qu'au XVIIe siècle que la France, l'Angleterre et l'Espagne mirent fin à cette voltige du capital – en quoi il manifestait la liberté de sa pure instrumentalité – et que leurs gouvernements commencèrent à rechercher dans leur propre pays à satisfaire leurs besoins de capitaux. Et si la finance de notre époque est redevenue internationale à bien des égards, ce phénomène a une signification tout autre : aujourd'hui, justement, il n'y a plus d'« étrangers » selon l'ancienne acception. Les relations commerciales, avec leurs droits et usages, ont rassemblé des pays très lointains en un même organisme qui s'uniformise toujours plus. L'argent n'a cependant pas perdu ce caractère qui en faisait autrefois le domaine des étrangers : il s'est même exacerbé à travers la prolifération et la diversification des séquences téléologiques venant se croiser en lui de manière toujours plus abstraite et incolore. Le rapport opposé qui, dans cette perspective, existait entre les autochtones et les étrangers, est devenu caduc, pour la bonne raison que la forme monétaire de la circulation – autrefois assurée par ce biais – a embrassé la totalité de la sphère économique. La signification de l'étranger pour le régime monétaire me paraît se résumer dans ce conseil que j'entendis donner un jour : il y a deux sortes d'hommes avec lesquels il ne faut jamais entrer en affaire d'argent, l'ami et l'ennemi. Dans un cas, l'objectivité indifférente des opérations financières entre en conflit avec la nature personnelle de la relation, et ceci presque toujours sans solution satisfaisante ; dans l'autre, les mêmes circonstances donnent aux intentions hostiles un vaste espace, ce qui est étroitement lié aux formes juridiques de l'économie monétaire, souvent trop imprécises pour que soit exclue avec certitude la malfaisance préméditée. Le partenaire le plus indiqué pour le commerce de l'argent – où, comme on le dit à raison, l'intimité n'est pas de mise – est la personnalité à laquelle nous sommes intérieurement tout à fait indifférents, et qui ne s'avère engagée ni pour nous ni contre nous.

II

L'évidence du sentiment de valeur, dont on a supposé la réalité dans ce qui précède, pourrait facilement nous en masquer la signification propre. L'argent nous est précieux parce qu'il est le moyen d'obtenir des valeurs ; mais on pourrait tout aussi bien dire : bien qu'il ne soit qu'un moyen. Car il ne semble y avoir aucune nécessité logique à ce que la tonalité de la valeur, qui repose sur les finalités de nos actions, se projette sur les moyens, tout à fait étrangers à toute valeur, s'ils n'étaient enchâssés dans la série téléologique. La possibilité d'un tel transfert de valeur, sur la base de relations purement extérieures, prend place dans la forme très générale des mouvements de notre psychisme, forme que l'on pourrait nommer expansion psychologique des qualités. En effet, si une série concrète d'objets, de forces, d'événements comporte un élément qui déclenche en nous des réactions subjectives déterminées – plaisir ou ennui, amour ou haine, appréciations positives ou négatives – alors cette valeur nous semble ne pas seulement adhérer à son vecteur direct, nous en faisons également participer les autres membres de la série, qui ne sont pas, en soi, caractérisés par le même signe. Cela n'est pas le cas seulement avec les séquences téléologiques, dont le terme final irradie de sa signification tous les moments de sa réalisation, mais aussi à travers d'autres combinaisons courantes d'éléments : tous les membres d'une famille participent de l'honneur ou de la déchéance de l'un d'entre eux ; les productions les plus anecdotiques d'un grand poète jouissent d'une estime qui ne leur est pas due en propre, mais parce que d'autres sont importantes ; l'attirance ou la haine qui, chez un individu, proviennent de sa prise de position politique, se portent sur des points de programme qu'en soi il percevrait seulement avec indifférence, voire avec des sentiments contraires ; l'amour pour un être, qui découle de la sympathie pour un de ses traits de caractère essentiels, déborde finalement avec la même passion sur sa personnalité tout entière et ainsi sur toutes sortes de particularités et d'expressions, qui ne pourraient pas y prétendre hors de ce cadre. En bref, quand une variété d'êtres humains et de choses se présente comme une unité après quelque combinaison, le sentiment de valeur que suscite un élément particulier circule, pour ainsi dire, de la racine commune du système aux autres également, alors que ces éléments sont en soi étrangers à ce sentiment. C'est précisément parce que les sentiments de valeur n'ont rien à voir avec la structure même de la chose, mais plutôt avec leur domaine infranchissable, qu'ils ne se tiennent pas strictement à leurs limites logiques et se déploient avec une certaine liberté au-delà de leurs relations objectivement justifiées aux choses. Il y a évidemment une part d'irrationnel dans le fait que les points relativement culminants de la vie psychique colorent leurs moments adjacents sans atteindre eux-mêmes cette qualité. Mais c'est bien ainsi que la richesse réjouissante de l'âme se révèle dans son entier, avec son intime besoin de profiter à nouveau pleinement des expériences importantes et précieuses déjà éprouvées une fois, et ceci également à travers leur résonnance secrète dans les choses, sans demander anxieusement la part que chacune aurait droit d'exiger.

La plus rationnelle et la plus claire des formes que prend une telle expansion des qualités est sans aucun doute la séquence dotée d'une finalité. Cependant, même celle-ci ne paraît pas objectivement d'une absolue nécessité. En effet, la signification investie dans le moyen – neutre en soi – parce qu'il réalise un objectif précieux, n'a aucunement besoin de consister en une *valeur* projetée : la signification du moyen peut être une catégorie propre, tout à fait susceptible de résulter de l'extraordinaire fréquence et de l'importance de cette configuration. Mais l'expansion psychologique s'est en fait saisie de la qualité de la valeur, ne laissant subsister que la différence, d'après laquelle on pourrait dire absolue la valeur du but final, et relative celle du moyen. Absolue – au sens pratique dont il est question ici

– est la valeur des choses auxquelles un processus volontaire s'arrête définitivement. Bien entendu, il n'est pas nécessaire que cet arrêt soit un point d'orgue, prolongé dans le temps, seulement qu'il marque la conclusion d'une série d'innervations. De sorte que, ces innervations aboutissant au sentiment de satisfaction, la perpétuation du vouloir s'exprime alors dans de nouvelles innervations. En revanche, un objet a une valeur relative si sa réalisation conditionne celle d'une valeur absolue. Il montre sa relativité dans la mesure où sa valeur dépérit quand un autre moyen est reconnu plus efficace ou plus accessible pour atteindre le même but. Cette opposition entre valeur absolue et valeur relative coïncide si peu avec l'opposition analysée plus haut, entre valeur objective et subjective, qu'elle peut tout autant se développer dans le cadre des évaluations subjectives que des évaluations objectives. J'ai employé ici les notions de valeur et de finalité de manière assez indifférenciée ; en fait les deux ne sont dans ce contexte que les deux faces d'un même et seul phénomène : la représentation concrète, qui dans un sens théorico-intuitif est une valeur, est dans un sens pratico-volitif une finalité.

Or, les énergies psychiques qui constituent les valeurs et les finalités de l'une et de l'autre sorte, sont de nature très différente. En toutes circonstances, la formalisation d'un objectif final n'est possible que par un acte de volonté spontanée, alors que la valeur relative d'un moyen ne peut se voir reconnaître que par la médiation d'une connaissance théorique. La détermination d'un objectif résulte du caractère, de l'humeur et de l'intérêt ; mais c'est la nature des *choses* qui nous prescrit le chemin ; c'est pourquoi la formule si puissante à propos de tant de circonstances de la vie : *das Erste uns freisteht und wir beim Zweiten Knechte sind*[1] n'est nulle part aussi valable que dans le domaine téléologique. Pour autant cette opposition, qui exprime les multiples relations entre nos forces intérieures et l'être objectif, n'empêche nullement qu'un seul et même contenu d'une catégorie se convertisse dans l'autre. Précisément, la spontanéité dans la détermination d'un objectif final, corrélée au fait que tout moyen participe psychologiquement de la valeur de sa fin, caractérise ce moyen comme une valeur définitive, en soi satisfaisante pour notre conscience. Bien qu'en nous, ceci ne soit possible qu'à travers l'indépendance de l'instance dernière du vouloir par rapport à toute motivation raisonnée et logique, ce phénomène, qui paraît tellement aller à contresens de la finalité, peut pourtant la servir. En effet, rien ne prouve – seul un examen hâtif le suggère – que nous parvenions le mieux à nos fins si

1. Simmel cite, à une approximation près, une phrase de Méphistophélès tirée du *Faust* de Goethe (« *Das erste steht uns frei, beim zweiten sind wir Knechte* ») : « Le premier acte est libre en nous ; nous sommes esclaves du second » (traduction de Gérard de Nerval).

nous en sommes le plus clairement conscients. Aussi laborieuse et imparfaite que soit en effet la notion de « finalité inconsciente », elle exprime cependant un fait : nos actions se réalisent dans la concordance la plus étroite avec certaines finalités et sont totalement incompréhensibles sans une quelconque efficience de celles-ci, alors que notre conscience n'en porte pas témoignage – ce phénomène est si répétitif et détermine tellement tout notre mode d'existence, que nous ne pouvons pas nous passer d'une qualification particulière pour le nommer. Avec ce terme de finalité inconsciente, nous n'entendons pas l'expliquer, mais simplement le désigner. Le problème devient plus transparent si nous gardons toujours à l'esprit cette évidence : notre action n'est pas entraînée par un but, au sens de ce qui adviendra, mais au sens d'une énergie psychologique qui lui *préexiste*. Par conséquent, les choses doivent se passer ainsi : l'ensemble de nos actions est aiguillé, et ceci en diverses combinaisons, d'un côté par des forces centrales, émanant de notre moi le plus intérieur, de l'autre par les contingences d'impressions sensorielles, d'humeurs, d'excitations et de conditionnements extérieurs. Notre action est donc plus conforme à la finalité lorsque domine le premier facteur et lorsque les énergies qui jaillissent du moi spirituel – en un sens étroit – mènent la diversité du donné dans leur propre direction. Si un *quantum* important d'énergie concentrée est rassemblé et unifié en nous, et si, dès le de départ, sa décharge progressive observe l'inébranlable direction qui discipline tout ce qui provient de l'extérieur – constellation qui, d'un point de vue formel, se réalise pareillement en suivant des intérêts accessoires ou condamnables –, quand cette potentialité psychophysique réelle se reflète dans la conscience conceptuelle, alors précisément, on la nomme finalité. Mais si cette finalité, en tant que processus de conscience, est bien le reflet psychique de cette concentration d'énergie, alors il devient clair que la finalité peut s'abolir en tant que finalité consciente au cours de la poursuite effective de son développement. Car son fondement réel est justement en voie de désintégration : il se prolonge progressivement en actions effectives et ne vit plus que dans ses incidences. Et bien que la finalité puisse survivre à son fondement réel pour se maintenir comme représentation dans notre conscience, étant donné la structure de notre mémoire, cela n'est cependant pas indispensable aux actions qu'elle semble traverser et guider. Plus encore, si cette construction est juste, il nous suffit, pour agir dans des séries téléologiques, que cette entité d'énergie ait été disponible, c'est-à-dire que la finalité ait en somme déjà existé. Ce qui était force réelle en elle se consume dans l'action qui en résulte et qui reste menée par son point de départ, la finalité. Et il importe peu que celle-ci, persistant comme contenu de conscience, accompagne ou non la série pratique encore longtemps.

Cependant, il est clair que quand la conscience de la finalité reste vive, il s'agit, non pas simplement d'une pure idéalité, mais de tout un processus qui use de force organique et d'intensité de conscience. La capacité de la vie à s'adapter généralement aux fins va donc tendre à court-circuiter ce processus qui n'est en principe plus nécessaire à la conduite téléologique de notre action (abstraction faite de toutes les complications et déviations). Et cela paraît enfin éclaircir ce fait d'expérience : le terme final de nos séries pratiques sera d'autant plus sûrement engendré par les moyens, qui, seuls, peuvent le réaliser, que nos forces seront plus complètement réglées et concentrées sur *leur* production. En fait, la tâche pratique véritable, c'est précisément la fabrication des moyens. Plus on la résout profondément, plus l'objectif final se passera de l'effort de la volonté pour se présenter comme l'effet mécanique du moyen. Si le but final persiste à être présent à la conscience, une certaine quantité d'énergie sera épuisée, qui fera défaut lors de l'élaboration des moyens. Concentrer entièrement nos énergies pour concrétiser l'étape suivante de la séquence dotée d'une finalité est donc le procédé le plus adapté à cette dernière : on ne peut faire mieux en vue de l'objectif final que d'agir avec le moyen qui y mène comme s'il était lui-même le but. Le partage des accents psychologiques, qui est nécessaire en raison de la limitation des forces à disposition, ne suit donc absolument pas une hiérarchisation logique :

quand le moyen est pour celle-ci quelque chose d'éperdument indifférent et que l'accent est mis entièrement sur le but, l'ajustement à la finalité pratique aspire psychologiquement au renversement direct de cette relation. Ce que l'humanité doit à ce phénomène si irrationnel en apparence dépasse toute description. Nous n'aurions vraisemblablement jamais pu nous projeter au-delà des buts les plus primitifs si notre conscience y était toujours rivée, imparfaitement libre de construire les moyens les plus divers. Nous éprouverions également une dispersion insupportable et paralysante si, pendant le travail sur chaque moyen subordonné, nous devions avoir continuellement à la conscience la série complète des autres moyens construits et l'objectif final. En fin de compte, nous n'aurions absolument plus de force ni d'enthousiasme pour la tâche du moment si, en suivant la juste logique, nous gardions toujours à l'esprit son importance minime par rapport aux fins dernières, abandonnant à la conscience toutes les forces que l'accomplissement du provisoirement nécessaire requiert de rassembler. Cela tombe sous le sens, cette métempsycose [1] de la finalité doit se présenter d'autant plus couramment et plus profondément que la technique de l'existence se complique. Avec l'accroissement de la concurrence et de la productivité du

1. Métempsycose : au sens strict, réincarnation d'une âme dans un autre corps vivant.

travail, les buts existentiels deviennent de plus en plus difficiles à atteindre, c'est-à-dire qu'ils requièrent une infrastructure toujours plus importante de moyens. Un pourcentage effarant d'êtres humains civilisés reste prisonnier sa vie entière de l'intérêt pour la technique, dans tous les sens du terme : les conditions qui participent de la réalisation de leurs intentions finales accaparent toute leur attention, concentrent leurs forces sur elles-mêmes, à tel point que ces buts *réels* disparaissent entièrement de la conscience. Et même très souvent, ces buts sont finalement désavoués. Les conditions des civilisations évoluées favorisent cela : l'individu, déjà à sa naissance, est environné par un système téléologique aux combinaisons très complexes (pensons, par exemple, aux us et coutumes, que personne n'interroge quant aux finalités sociales dont ils sont la condition originelle, et qui passent pour des impératifs catégoriques) ; il grandit au sein d'une coopération aux finalités établies depuis longtemps, et très souvent ses objectifs individuels vont à ses devants, comme des évidences favorisées par l'atmosphère environnante, et accèdent à la réalité de son être et de son développement, davantage qu'à sa claire conscience. Toutes ces circonstances concourent à ce que les fins dernières de la vie et de son évolution ne franchissent qu'imparfaitement le seuil de la conscience, l'intensité de cette dernière se dirigeant entièrement vers la tâche pratique : la réalisation des moyens.

Il n'est assurément pas besoin d'apporter une preuve particulière que l'argent est l'instance intermédiaire de la vie qui réalise cette anti-datation du but final avec le plus de démesure et de radicalité. Jamais un objet, dont la valeur n'est exclusivement redevable qu'à sa qualité de médiation et à sa convertibilité en valeurs plus définitives, ne s'est élevé si résolument et si définitivement à un tel absolu psychologique de la valeur, à une telle finalité occupant si totalement la conscience pratique. Cette propension de l'argent à être l'objet de convoitise ultime, croît dans la mesure, précisément, où il assume de plus en plus strictement son caractère de moyen. Car ce caractère signifie que le cercle des objets que l'on peut se procurer contre de l'argent s'étend toujours plus, que les choses se soumettent à son pouvoir avec moins de résistance encore, qu'il est lui-même toujours plus dénué de qualités propres, ce qui, justement, le dote d'une puissance qui égale chaque qualité des choses. Son importance est grandissante parce qu'il s'épure de tout ce qui en lui n'est pas simple moyen et se soustrait ainsi à tout frottement avec la spécificité des objets. Tandis que sa valeur de *moyen* s'accroit, sa *valeur* s'accroît aussi en tant que moyen, et tellement haut, qu'il passe pour la valeur par excellence et que la conscience des fins s'arrête définitivement à lui. La polarité inhérente à la nature de l'argent – être le *moyen* absolu et précisément, par là, revêtir psychologiquement pour la plupart des hommes la qualité de *fin* absolue – fait de lui, d'une façon très caractéristique, un symbole qui fige les grands régulateurs de la vie pratique. En effet, nous devons envisager l'existence comme si chacun de ses moments était une fin en soi et devait être pris au sérieux, comme si la vie n'avait en fait duré jusque-là que pour lui ; et parallèlement, nous devons vivre comme si absolument aucun de ces moments n'était définitif, notre sentiment de la valeur ne doit s'arrêter à aucun, chacun doit valoir comme un passage et un moyen d'atteindre des niveaux toujours plus hauts. Cette exigence double, contradictoire en apparence – que chaque moment de la vie soit par excellence à la fois définitif et non définitif –, coule de la plus profonde intériorité, où l'âme modèle son rapport à la vie, et, de manière assez étrange, elle trouve une sorte d'accomplissement ironique dans l'argent, formation de l'esprit la plus extérieure, parce qu'au-delà de toutes qualités et intensités.

L'importance de l'argent, en tant qu'absolu pour la conscience de la valeur, est liée au grand tournant de l'intérêt économique, de la production primitive à l'activité industrielle. Les temps modernes et, par exemple, la Grèce classique, entretiennent des rapports très différents à l'argent : il servait autrefois seulement à la consommation, tandis qu'aujourd'hui il est employé essentiellement pour la production. Cette différence est de la plus extrême importance pour le rôle téléologique de l'argent, qui se révèle ici aussi l'index fidèle de l'économie : car autrefois l'intérêt économique général était également davantage orienté vers la consommation que la production ; la production était principalement de nature agraire, sa technique simple et traditionnelle n'exigeait pas la mise en œuvre d'une conscience économique aussi considérable que l'industrie, qui est continuellement en mouvement, et laissait donc cette dernière libre de se consacrer davantage à l'autre face de l'économie, la consommation. Chez les peuples primitifs, l'argent vise, non pas une possession qui serait une étape vers d'autres acquisitions, mais presque exclusivement une consommation immédiate. C'est pourquoi les efforts et les idéaux de l'Antiquité que l'on peut décrire comme socialistes vont bien vers une organisation de la consommation, mais pas du travail productif. De sorte qu'ici, l'État idéal de Platon rencontre d'emblée la démocratie athénienne qu'il devait justement combattre [1]. Un passage d'Aristote éclaire cela de manière particulièrement éclatante [2].

---

1. État idéal de Platon : voir note 1, p. 103.

2. Aristote distingue deux formes d'échanges. La chrématistique (du grec *chrèmatistikos*, qui a trait à la gestion ou aux affaires, notamment d'argent) « naturelle » ou familiale vise seulement à combler les besoins essentiels de la famille ou de la communauté par l'autoproduction ou par l'échange. Cet échange peut se faire sous la forme du troc ou sous forme monétaire, mais il exclut toute perspective d'accumulation de richesses. Dans la chrématistique « commerciale » en revanche, la monnaie est « principe et fin de l'échange » : « elle n'a pas de but qui puisse la limiter, car son but c'est la richesse et la

Aussitôt que les fonctions politiques furent rétribuées, s'instaura une prépondérance des pauvres sur les riches dans la démocratie. Car *les pauvres sont moins accaparés par leurs occupations privées que les riches* et ont par conséquent plus de temps pour exercer leurs droits publics, ce qu'ils font aussi pour l'argent. Il va bien sûr de soi ici que les pauvres sont les moins occupés. Contrairement aux époques ultérieures, cela n'est pas le fruit du hasard, mais un principe de base de cette forme économique. Dès lors, l'intérêt des masses ne pouvait justement que les inciter à acquérir immédiatement de quoi vivre : une structure sociale qui présuppose le chômage des pauvres doit avoir un intérêt essentiellement porté sur la consommation plutôt que sur la production. Les principes moraux des Grecs relatifs

---

possession de valeurs ». Aristote condamne cette dernière forme d'échange : « Cet art d'acquérir, comme nous l'avons dit, a deux formes, une forme commerciale et une forme familiale celle-ci est indispensable et louable, celle qui concerne l'échange, par contre, est blâmée à juste titre car elle n'est pas naturelle mais se fait aux dépens des autres ; et il est tout à fait normal de haïr le métier d'usurier du fait que son patrimoine lui vient de l'argent lui-même, et que celui-ci n'a pas été inventé pour cela. Car il a été fait pour l'échange, alors que l'intérêt ne fait que le multiplier. Et c'est de là qu'il a pris son nom : les petits, en effet, sont semblables à leurs parents, et l'intérêt est de l'argent né d'argent. Si bien que cette façon d'acquérir est la plus contraire à la nature. » (Aristote, *Les Politiques*, trad. Pierre Pellegrin, GF Flammarion, 2001.)

au domaine économique ne concernent quasiment jamais les acquisitions – bien sûr parce qu'aucune préoccupation sociale ou éthique ne considère les producteurs premiers, amplement plus nombreux, les esclaves. Aristote pensait que seule l'utilisation, et non l'acquisition, permettait l'épanouissement d'une moralité positive. Cela s'accorde tout à fait avec sa conception, qu'il emprunte à Platon, que l'argent est un mal nécessaire. En effet, là où l'accent est mis exclusivement sur la consommation, l'argent révèle son caractère vide et indifférent avec une netteté particulière, parce qu'il est immédiatement confronté à la finalité de l'économie. En tant que moyen de production, il s'en éloigne : il est cerné de toutes parts par d'autres moyens qui, relativement, lui donnent une tout autre signification. En définitive, cette différence, quant au sens que revêt l'argent, dérive de l'esprit de l'époque. Dans la conscience, l'intérêt prépondérant pour la consommation par rapport à la production, tenait, comme on vient de le souligner, à la prépondérance de la production agraire. Substance relativement incessible et garantie par la loi, la propriété terrienne était pour les Grecs la seule chose en mesure de défendre la pérennité et l'unité de leur sentiment d'existence. Le Grec était encore un Oriental dans la mesure où il ne pouvait se représenter la continuité de la vie autrement qu'en une série temporelle entièrement remplie par des contenus fermes et permanents. C'est d'ailleurs l'attachement à la notion de substance qui caractérise toute la philosophie grecque. Par là cependant, on n'entend nullement désigner la réalité de la vie grecque, mais son échec, son aspiration et sa rédemption : l'immense envergure de l'esprit grec tient au fait que ses idéaux ne tendaient pas seulement à la continuation et au parachèvement du réel, comme chez les peuples moins grands et moins énergiques ; passionnée, menacée, continuellement déchirée par les clivages et les luttes, la réalité de ce peuple cherchait sa complétude dans son *Autre*, dans la limitation arrêtée et les formes sereines de sa pensée et de son expression. La conception moderne est totalement opposée, qui envisage l'unité et la cohérence de la vie dans le jeu des forces et la succession de moments aux contenus les plus disparates. Toute la variété et l'agitation de notre vie ne nous ôte pas le sentiment de son unité – pas fondamentalement du moins, seulement dans les cas que nous ressentons nous-mêmes comme des égarements ou des insuffisances –, c'est au contraire ce qui la soutient et l'élève à la conscience la plus forte. Mais une telle unité dynamique était étrangère aux Grecs. Le même principe caractéristique, qui faisait culminer leurs idéaux esthétiques dans les formes de l'architecture et des arts plastiques, limitait leur vision du monde à celle d'un cosmos parachevé et les amenait à rejeter avec horreur l'idée même d'infini – ce principe, précisément, les conduisit à envisager la continuité de l'existence comme une simple continuité de la substance, fondée sur la propriété terrienne et y trouvant sa réalisation – de même que l'existence moderne s'accomplit dans l'argent qui, fluide, change constamment d'affectation et matérialise l'identité de l'être dans la plus grande intermittence de ses équivalents. À cela s'ajoute, pour discréditer aux yeux des Grecs les affaires commerciales proprement dites – celles basées sur l'argent –, qu'elles impliquent toujours une vision à long terme et une anticipation du futur. Or, pour eux, l'avenir était imprévisible par principe, l'espérance extrêmement trompeuse, voire présomptueuse, car elle pouvait entraîner la colère des dieux. Ces facteurs internes et externes de l'organisation de la vie interagissent tellement les uns avec les autres qu'il n'est guère envisageable de désigner l'un d'eux comme fondamental et absolument déterminant dans le temps. Les caractères d'une économie agricole : sa fiabilité, ses membres en nombre peu élevé et peu variable, la primauté donnée à la consommation sur la production d'un côté, de l'autre la mentalité réglée sur la substantialité des choses et la crainte de tout ce qui est imprévisible ou simplement labile et dynamique, ne sont que les rayonnements distincts d'un principe historique unifié, réfractés par le médium des intérêts différenciés, et que nous ne pouvons pas saisir et nommer directement avec notre raison analytique. Autrement dit : ces phénomènes relèvent de ces formations entre lesquelles la question de la priorité est absolument faussement posée, parce que leur être réside de prime abord dans l'interaction, l'une se construisant sur l'autre, et inversement, en un cercle qui, pour les détails de la connaissance, est incorrect, mais pour ses facteurs fondamentaux est essentiel et indispensable. Quelle que soit l'interprétation que l'on en donne, le fait est que chez les Grecs, les moyens et les fins de l'économie ne se séparent pas autant qu'ultérieurement : c'est pourquoi les moyens n'y ont pas encore acquis une vie psychologique propre et l'argent ne s'est pas élevé, naturellement et sans résistances internes, à la hauteur d'une valeur indépendante.

La signification de l'argent – l'exemple le plus grand et le plus parfait d'une accession psychologique des moyens au statut de finalité – paraît en pleine lumière seulement si l'on éclaire encore de plus près ce rapport entre moyen et but final. J'ai déjà évoqué plus haut une série d'occasions au cours desquelles les véritables fins de nos actions nous sont cachées, si bien qu'en réalité, notre volonté se tourne vers des buts complètement autres que ce qu'il nous semble. Ainsi, s'il est absolument légitime de s'interroger au-delà sur les buts qui se nichent dans notre conscience, où cependant arrêter ce questionnement ? Si la série téléologique ne se clôt pas une fois pour toutes avec le dernier terme dont nous ayons conscience sur le moment, n'est ce pas alors la voie ouverte à sa prolongation infinie ? N'est-il pas tout simplement indispensable de ne jamais nous contenter d'aucun objectif atteint par nos actions, mais de chercher pour chacun d'eux un fondement dans un objectif plus éloigné ? En outre, l'accession à un gain ou à un état ne donne jamais droit à cette satisfaction définitive logiquement associée à la notion d'objectif final. Tout point atteint est plutôt perçu comme un passage intermédiaire vers un stade définitif ultérieur : qu'il s'agisse du domaine sensoriel, où un flux continu lie continuellement un besoin nouveau à tout plaisir, ou du domaine de l'idéal, parce qu'aucune réalité empirique n'est en mesure de couvrir ses exigences. Si l'on rassemble tout ceci, il semble que ce que nous nommons objectif final plane au-dessus des séries téléologiques, et qu'il est vis-à-vis d'elles comme l'horizon vis-à-vis des chemins terrestres : ils vont dans sa direction, mais il demeure toujours aussi lointain devant eux après la marche la plus longue. En effet, ce qui importe n'est pas seulement que l'objectif final soit hors d'atteinte, mais aussi qu'une telle forme de représentation ne puisse absolument pas avoir de contenu. Dans la mesure où elles se destinent à une réalisation terrestre, les séries téléologiques ne peuvent s'immobiliser, non seulement du fait de leur réalisation, mais aussi du fait de leur structure interne. Au lieu du point fixe, que chacune d'elles semblait posséder comme objectif final, ne se présente que le principe heuristique [1] de régulation

1. Heuristique : utile à la recherche scientifique, à la découverte des faits.

suivant : aucun objectif particulier de la volonté n'est considéré comme la fin dernière, à chacune la possibilité demeure ouverte de n'être qu'une étape vers une finalité plus haute. La fin dernière n'est en quelque sorte qu'une fonction ou une exigence ; considérée en tant que concept, elle n'est rien d'autre que la condensation du fait qu'elle semblait d'abord abolir : à savoir que la voie des volontés et des estimations humaines se poursuit à l'infini et qu'aucun point atteint, aussi définitif qu'il ait pu apparaître devant soi, ne peut éviter d'être tenu pour un simple moyen une fois dépassé. Si bien que l'accession des moyens au statut de but final paraît beaucoup moins irrationnelle. Pour certains cas particuliers, l'irrationalité ne peut certes pas être écartée, mais l'ensemble des séries téléologiques connaît une autre essence que ses segments délimités : la conversion des fins en moyens se justifie par le fait qu'en dernière instance, les fins aussi sont seulement des moyens. Dans les séries infinies des volontés possibles, des actions en cours et des satisfactions, nous saisissons presque arbitrairement un moment pour le consacrer objectif final, vis-à-vis duquel tout ce qui précède serait moyen, alors qu'un observateur objectif ou bien nous-mêmes, mais ultérieurement, devrions transposer les finalités proprement valables et efficientes bien au-delà – sans que celles-ci puissent être assurées contre un destin semblable. À ce point d'extrême tension entre la relativité de nos efforts et l'absolu de l'idée d'objectif final, réapparaît l'argent, toujours exemplaire dans ses significations, et avec lui, le développement d'une allusion antérieure. Étant l'expression et l'équivalent de la valeur des choses d'une part, mais d'autre part un pur moyen et une voie de passage indifférente, il symbolise de façon pertinente ce qui a été souligné : les valeurs convoitées et éprouvées se révèlent en fin de compte des moyens, et de surcroît, provisoires. Et dans la mesure où, pour une infinité d'individus, le moyen le plus sublimé de l'existence passe pour la fin la plus sublimée de l'existence, il constitue la preuve indubitable qu'accorder la valeur d'un moyen ou d'une fin à un moment téléologique dépend seulement du point de vue – une preuve extrêmement décisive qui exprime la thèse avec la netteté d'un exemple d'école.

Bien que les individus aient été avides d'argent à toutes les époques, on peut néanmoins dire que l'intensification et la propagation maximales de ce désir coïncident avec celles où les satisfactions les plus modestes, liées aux intérêts spécifiques de l'existence, tout comme l'élévation à l'absolu de la religion en tant que but ultime de la vie, ont perdu de leur force. Car, aujourd'hui comme lors de la décadence de la Grèce ou de Rome, et indépendamment des dispositions personnelles, l'aspect général de la vie, les relations des hommes les uns avec les autres, la culture objective, sont colorés par l'intérêt pour l'argent. Cela peut paraître une ironie de l'histoire qu'au moment où s'atrophient les finalités existentielles satisfaisantes et concluantes par leurs contenus, cette valeur-là, qui est exclusivement un moyen et rien de plus, prenne leur place et revête leur forme. Mais en réalité, l'argent, comme moyen absolu et donc point d'unification d'innombrables séquences dotées d'une finalité, a justement des rapports significatifs, dans sa forme psychologique, avec l'idée de Dieu – rapports que la psychologie peut dévoiler, puisque elle a pour privilège de ne pouvoir blasphémer. L'essence profonde de la pensée de Dieu est d'accéder à l'union de la diversité et des contradictions du monde – *coincidentia oppositorum*, selon la belle expression de Nicolas de Cues [1]. L'idée que tout ce qui est étranger et inconciliable dans l'être trouve dans cette pensée son unité et sa compensation, génère la paix, la sécurité, la richesse universelle du sentiment exaltée par la représentation de Dieu et de sa présence. Indubitablement, les sentiments que l'argent éveille ont dans leur domaine une analogie psychologique avec cette

---

1. Nicolas de Cuse : théologien allemand (1401-1464), auteur notamment de l'ouvrage *De docta ignorantia* (1440 – *De la docte ignorance*, Rivages, 2008). Son idée de « coïncidence des opposés » (*coincidencia oppositorium*) s'oppose en partie au principe de non-contradiction, selon lequel « il est impossible qu'un même attribut appartienne et n'appartienne pas en même temps et sous le même rapport à une même chose » (Aristote). Elle possède également une dimension mystique : il s'agit de dépasser la connaissance rationnelle pour rejoindre la vérité en Dieu.

pensée. Dans la mesure où, de plus en plus, il devient l'expression absolument suffisante et l'équivalent de toutes les valeurs, l'argent se hisse à une hauteur abstraite qui surplombe la vaste diversité des objets. Il est alors le centre où les choses les plus opposées, les plus étrangères, les plus lointaines trouvent leur point commun et entrent en contact. Et ainsi, effectivement, l'argent procure, lui aussi, cette élévation du particulier, cette confiance en sa toute-puissance comme en celle d'un principe supérieur : pouvoir à tout moment nous procurer le particulier et l'inférieur, en quelque sorte se convertir en lui. L'aptitude particulière et l'intérêt des Juifs pour les opérations monétaires ont d'ailleurs été rapprochés de leur « éducation monothéiste » : un peuple habitué depuis des millénaires à lever les yeux vers un être supérieur – notamment, en raison de la relativité de sa transcendance – et à voir en lui le terme et le point d'intersection de tous les intérêts particuliers, est supposé, dans le domaine économique également, s'adonner de préférence à la valeur qui se présente comme l'unité centralisatrice et le point commun d'intensification de toutes les séquences dotées d'une finalité. La quête effrénée de l'argent, la passion qu'il transmet à l'économie et même à la vie, à la différence d'autres valeurs centrales, par exemple la possession de terre, n'entre pas du tout en contradiction avec cet apaisement final, qui rapproche l'effet de l'argent de l'atmosphère religieuse. Si la béatitude de l'âme en possession d'argent a pour condition préalable l'excitation et la tension pour sa conquête, le calme que procurent les biens religieux également n'atteint sa plus haute valeur consciente que comme prix d'une quête combative de Dieu. Et quand Augustin dit de la vie commerçante : *Merito dictum negotium, quia negat otium, quod malum est neque quaerit veram quietem quae est Deus*[1], cela vaut pour l'affairisme qui, compilant les moyens d'acquisition, atteint l'objectif final du bénéfice monétaire, qui n'est plus le *negotium*[2] mais son aboutissement. La fréquente animosité de la mentalité religieuse et ecclésiastique vis-à-vis des affaires monétaires est sans doute liée à son instinct pour la similarité psychologique de forme entre les plus hautes unités économiques et cosmiques, et à sa perception du danger de concurrence existant entre les intérêts monétaire et religieux – un danger qui s'est révélé non seulement où la substance de la vie est économique mais aussi où elle est religieuse. Dans la condamnation de l'intérêt par le droit canon se

---

1. « C'est à juste titre qu'on appelle cela le négoce, parce qu'il est le contraire du repos : il est détestable, et ne vise pas la réelle tranquillité, qui est Dieu. » Saint Augustin joue subtilement de l'opposition entre entre *otium* (loisir, repos, temps consacré à soi) et *negotium* (temps consacré aux autres, aux affaires, au commerce). Le *negotium*, c'est ce qui s'oppose, dans la construction même du mot, à l'*otium* (*negat otium*, soit *neg-otium*).

2. *Negotium* : voir note précédente.

traduit le rejet de l'argent en tant que tel, car le taux d'intérêt représente le commerce monétaire dans sa pureté abstraite. Pour autant, le principe de l'intérêt lui-même ne reflète pas toute la mesure du péché : au Moyen Âge, on a cru pouvoir l'éviter en acceptant les prélèvements de l'intérêt en nature plutôt qu'en argent. Il s'agissait en fait du principe de l'intérêt sur *l'argent*, payé en argent, si bien qu'avec son abolition, l'intention était de toucher le régime monétaire à sa racine. L'argent se propose trop souvent comme but final, pour bien trop d'individus, il signifie la fin de leurs séries téléologiques, et leur donne une mesure pour une combinaison unifiée d'intérêts, abstraite et souveraine au-dessus des particularités de la vie, qui affaiblit en en eux le besoin de chercher l'augmentation de telles satisfaction dans la religion. Toutes ces connexions montrent que quelque chose existe au-delà des points de comparaison qui sautent aux yeux, comme lorsque Hans Sachs [1], par exemple, fait dire à un représentant de l'opinion commune : l'argent est ici-bas le dieu terrestre (*Gelt ist auff erden der irdisch got*). Cela ramène à ce motif de base : l'argent est le moyen absolu, et c'est pourquoi il se hisse à la signification psychologique d'une fin absolue. On a dit,

---

1. Hans Sachs : poète allemand (1494-1576), auteur de poésies et de chansons, partisan de la Réforme. Longtemps oublié, il fut redécouvert par Goethe. Richard Wagner en fit un des personnages principaux de son opéra *Les Maîtres chanteurs de Nuremberg.*

avec une formulation certes peu conséquente, que le seul absolu était la relativité des choses ; l'argent en est assurément le symbole le plus fort et le plus immédiat. Car l'argent est la substance de la relativité des valeurs économiques, il est la signification de chacune en particulier, comme moyen d'acquisition d'une autre – mais cette pure *signification* de moyen est véritablement détachée de son vecteur concret et singulier. Or, c'est justement la raison pour laquelle il peut accéder psychologiquement au statut de valeur absolue : il n'a pas à craindre sa dissolution dans le relatif, que connaissent tant de valeurs d'emblée substantielles qui prétendent en vain à l'absolu. L'absolu de l'existence (je ne parle pas ici du sens idéel des choses) se dissout en mouvements, en relations et en développements, qui prennent sa place dans notre besoin de valeur. La sphère économique a fourni un parfait exemple de ce type historique avec l'argent, à travers son caractère de valeur psychologique absolue – ceci dit, pour aller à l'encontre de certains malentendus populaires, l'identité formelle de ce développement dans tous les domaines ne présuppose absolument pas qu'il soit partout également le bienvenu.

Quand, pour un individu, l'argent prend un caractère de fin ultime qui dépasse le niveau d'intensité conforme à la culture économique exprimée dans son milieu, alors surgissent les phénomènes de cupidité et d'avarice. Je tiens à souligner explicitement la relativité de ces notions par rapport aux rapports économiques respectifs : la même quantité absolue de passion du gain ou d'attachement à l'argent peut être normale, dans un contexte où l'argent a un certain sens, et tout à fait hypertrophiée dans un autre. En général, la limite au-delà de laquelle commence la véritable cupidité sera placée très haut sous une économie monétaire très vive et développée, mais relativement bas lors de phases plus primitives ; ce qui est l'inverse avec l'avarice : celui qui passe pour économe et rationnel dans un contexte économique étroit et faiblement fluctuant au niveau monétaire, sera tenu pour avare dans un contexte de chiffres d'affaires rapides et de bénéfices et de dépenses faciles. On s'aperçoit déjà de ce qui sera encore plus net un peu plus loin, à savoir que la cupidité et l'avarice ne sont absolument pas des phénomènes concomitants, même s'ils partagent fondamentalement la même finalité absolue : l'argent. Comme tous les phénomènes qui dérivent de l'argent, ils représentent seulement des degrés différents dans le développement de tendances, dont le degré plus ou moins haut apparaît par rapport à d'autres contenus. Ces traits se manifestent d'ailleurs aussi par rapport à des objets concrets, sans référence à leur valeur monétaire, chez des gens qui ont la manie, très remarquable d'un point de vue psychologique, de collectionner. Le peuple les compare aux hamsters, car ils gardent de précieuses collections de toutes sortes, sans en tirer une quelconque jouissance, souvent même sans s'en occuper le moins du monde par la suite. Pour eux, la valeur n'est pas située dans le réflexe de l'appropriation, qui est normalement la raison de l'acquisition et de la possession des choses, mais dans le simple fait objectif, et sans plus de conséquence personnelle, que, précisément, ils possèdent ces choses. Ce phénomène, très fréquent sous une forme limitée et sommaire, passe habituellement pour de l'égoïsme, dont il partage assurément les aspects négatifs, à savoir l'exclusion des autres de sa possession propre. Cependant, il s'en distingue par une nuance, que nous allons décrire en prenant le détour suivant.

Il faut toujours insister sur le fait que l'opposition entre égoïsme et altruisme ne rend compte que partiellement des motivations de nos activités. Nous avons aussi un intérêt *objectif* à ce que certains évènements ou certaines choses adviennent – ou non –, et ceci sans considération pour leurs conséquences sur quiconque. Il est important pour nous que domine une harmonie, un ordre fait d'idées, un sens – sans qu'il ait besoin d'entrer dans les schèmes éthiques ou esthétiques usuels. Et nous nous sentons invités à y collaborer, sans nous interroger si cela plaît ou confère un quelconque avantage, à toi, à moi ou à qui que ce soit. Les trois motivations se rencontrent dans la sphère religieuse d'une manière particulièrement transparente. Les commandements religieux peuvent être suivis pour des raisons purement égoïstes, que ce soit, pour le dire vite, par peur ou espérance, ou que ce soit pour la bonne conscience ou le sentiment de satisfaction intérieur qui accompagnent cette observance. Celle-ci peut être également de nature altruiste : aimer Dieu et s'abandonner en lui, c'est aussi assimiler l'obéissance à ses commandements à l'accomplissement des vœux d'un être aimé, parce que *sa* joie et *sa* satisfaction sont la plus haute valeur de notre vie. Enfin, nous pouvons être mus par un sentiment pour la valeur objective d'un ordre du monde, dans lequel la volonté du plus haut principe se prolonge sans résistance dans la volonté de chaque élément particulier ; la relation objective entre Dieu et nous peut requérir cette obédience comme son expression adéquate ou sa résultante intrinsèquement nécessaire, sans que n'interviennent ni un quelconque succès pour nous, ni la joie et la satisfaction divines dans *cette* motivation. Ainsi, dans bien des cas, la conscience des fins s'arrête à une réalité objective, dont elle n'emprunte pas la valeur à ses reflets subjectifs en premier lieu. Je laisserai de côté toute interprétation psychologique ou épistémologique de cette motivation située au-delà des personnes ; en tout cas il s'agit là d'une réalité psychologique qui, avec les séries dotées d'une finalité de couleur personnelle, entre maintenant dans les combinaisons les plus diverses. Le collectionneur qui enferme ses pièces de valeur loin du regard des autres sans même en jouir, mais qui jalouse et chérit cependant leur possession, ajoute à son égoïsme la couleur d'une évaluation supra-subjective. En général, le sens de la possession, c'est la jouissance, et nous lui opposons non seulement les objets dont, comme les étoiles, nous ressentons de la joie sans les convoiter, mais aussi ceux dont on éprouve la valeur comme étant principalement indépendante de toute joie subjective : ainsi la beauté, l'ordre et le sens du cosmos qui ne semblent pas avoir besoin d'être goûtés pour persévérer dans leur valeur. Dans le cas des personnes possessives, il existe cependant une sorte de phénomène intermédiaire ou mixte : il y a bien le besoin de la possession, mais celle-ci n'avance pas jusqu'à son résultat subjectif normal, elle devient même sans cela, un but précieux, digne d'être poursuivi. Ce n'est pas la qualité de la chose qui est ici le véritable vecteur de la valeur. Si indispensable et si déterminante qu'elle puisse être, ce qui est proprement motivant est la réalité de sa possession, la forme de relation qu'elle entretient avec le sujet. Ce qui est précieux, et où s'arrête la série téléologique, c'est que cette forme – qui, certes, ne peut advenir qu'à partir d'un contenu –, cette possession du sujet, se présente comme pure réalité objective.

L'élévation d'une valeur économique en absolu et l'interruption de la série téléologique avant qu'elle ne revienne au sujet se traduisent d'une manière très particulière dans une signification spécifique que prend la propriété terrienne, et qui se combine de diverses façons (souvent comme une simple connotation) avec ses aspects proprement économiques. S'il est sûr que la propriété foncière ne serait pas devenue une valeur si son possesseur n'en tirait profit, cette valeur ne se réduit pas aux facteurs que l'on peut mentionner : le gain, la caution de la propriété immobilière, la puissance sociale, etc. Au-dessus de tous ces facteurs, et cependant en relation avec eux, s'ajoute une valeur, idéale dans une certaine mesure : le sentiment qu'il est en soi précieux de connaître le rapport de domination à la terre, qu'un être humain est dès lors étroitement lié aux fondements de l'existence humaine, fondements qu'il renferme ainsi dans son moi profond. La possession de la terre a et confère ainsi une certaine dignité qui la distingue de toutes les autres sortes de possession – même si le bénéfice que le propriétaire en tire est égal ou plus grand – si bien qu'on la conserve souvent grâce à des sacrifices que l'on ne consentirait d'une manière analogue que pour un idéal objectif. La propriété foncière comporte ainsi un élément de valeur absolue dans sa signification, l'idée – qui, du moins, l'a accompagnée – qu'il y aurait quelque avantage à être propriétaire foncier, même lorsque cette valeur ne s'exprime pas par un bénéfice. Ainsi, le lien à la terre peut prendre une coloration religieuse, que l'on trouve particulièrement aux temps les plus glorieux de la Grèce antique. L'aliénation de la terre apparaissait comme une faute contre les enfants, mais aussi contre les ancêtres, car elle interrompait la continuité familiale. Le fait qu'il n'était pas facile de l'accroître favorisa justement sa fonction de support de l'unité familiale supra-individuelle, consacrée par la religion. Au Moyen Âge en particulier, la propriété de la terre acquit le rang d'une valeur absolue, plus encore qu'aujourd'hui. Si elle était évidemment recherchée en premier lieu pour la jouissance de son produit – et dans cette mesure, s'avérait une valeur relative – elle avait en soi et pour soi, indépendamment de son rôle dans l'économie monétaire, une signification propre, parce qu'elle n'était pas constamment taxée ou convertie en argent. En quelque sorte, elle n'avait pas d'équivalent ; la série dont elle faisait partie se refermait avec elle. Les biens mobiliers pouvaient bien s'échanger les uns avec les autres, la propriété immobilière était, *cum grano salis* [1], quelque chose d'incomparable, la valeur par excellence, le fondement immobile sur lequel et au-delà duquel s'opérait le véritable mouvement économique. Ce n'était donc pas seulement pour son intérêt économique relatif que l'Église chercha à se l'approprier : au début du XIVe siècle, presque la moitié du sol anglais était aux mains du clergé, et au temps de Philippe II, plus de la moitié des terres espagnoles – il en est également ainsi aujourd'hui dans l'État religieux du Tibet, où deux tiers de toutes les terres productives appartiennent au clergé ! De même que l'Église apportait à la vie du Moyen Âge ses normes réglées, apparemment

1. *Cum grano salis* : littéralement, « avec un grain de sel ». Ici, s'entend au sens de « en forçant le trait », « en exagérant ».

établies pour l'éternité, de même devait-il apparaître justifié, au sens propre comme au sens symbolique, qu'elle détînt également dans ses mains la valeur fondatrice de toutes les autres. L'inaliénabilité des biens de l'Église n'était qu'une manière consciente et légale d'établir cet attribut intime. Elle était le signe que le mouvement des valeurs s'arrêtait ici, et qu'avait été atteinte la limite ultime et définitive dans la sphère économique. Aussi, la mainmorte [1] est-elle comparable à la caverne du lion, où mènent toutes les traces de pas mais dont aucune ne sort, car elle est aussi le symbole de l'absolu universel et de l'éternité du principe sur lequel l'Église est fondée.

Ce développement des biens vers une finalité dernière, dont la valeur absolue dépasse la simple jouissance, trouve ses cas les plus purs et les plus décisifs dans l'avarice et la cupidité, dégénérescences pathologiques de l'intérêt pour l'argent, qui tendent à tirer à eux les cas du même type. Car l'argent devenu finalité ne laisse même pas exister les biens de nature non économique, en tant que valeurs définitives coordonnées. Cela ne lui suffit pas de siéger à côté de la sagesse et de l'art, de l'importance individuelle et de la force, de la beauté et de l'amour même, en tant que finalité dernière de l'existence : en faisant ainsi, il s'arroge la puissance de les

1. Les biens de mainmorte appartiennent à des hôpitaux et à des congrégations, et sont considérés comme inaliénables.

rabaisser au rang de moyens à son service. Et à plus forte raison cette réorganisation aura-t-elle lieu avec des biens proprement économiques, dont la conservation – comme s'il s'agissait de valeurs incomparables – doit sembler insensée dès lors que l'on peut à tout instant les avoir de nouveau pour de l'argent, et par-dessus tout : dès lors que la possibilité d'exprimer totalement leur valeur en argent les a dépouillés de leur signification individuelle, en dehors de la sphère indifférente de la pure économie. Le caractère abstrait de l'argent, la distance, en soi et pour soi, qu'il observe vis-à-vis de tout plaisir particulier, favorisent une joie objective à travers lui, la conscience d'une valeur qui dépasse amplement un quelconque bénéfice personnel. Quand l'argent n'est plus un objectif comme n'importe quel autre instrument, à savoir lié aux résultats qu'il permet, et qu'il passe pour une fin dernière aux yeux du cupide, cela n'est cependant pas au même titre qu'une jouissance. Et pour l'avare, l'argent se tient au-delà de cette sphère personnelle, il s'agit pour lui d'un objet d'attention craintive, un tabou. L'avare aime l'argent, comme est aimé un être vénéré dont on éprouve avec béatitude la simple existence – simplement à savoir et à ressentir sa présence –, bien que notre relation avec lui ne s'engage jamais dans la particularité d'une quelconque jouissance concrète. Dans la mesure où, d'emblée, l'avare renonce délibérément à *utiliser* l'argent comme moyen d'un quelconque plaisir, il le place à une distance insurmontable pour sa subjectivité, distance dont cependant il cherche constamment à avoir raison par la conscience de sa possession. Si donc le caractère de moyen de l'argent le fait apparaître comme la forme abstraite du plaisir dont pourtant l'on ne jouit pas, alors l'évaluation de sa possession, dans la mesure où il est thésaurisé sans aucune dépense, se teinte d'objectivité : il revêt le charme délicat de la résignation qui accompagne toutes les fins objectives ultimes, et rassemble la positivité et la négativité de la jouissance dans une entité unique et ineffable. Les deux moments atteignent dans l'avarice leur tension mutuelle maximum, parce que l'argent, en tant que moyen *absolu*, offre d'infinies possibilités de jouissance et, en même temps, en tant que *moyen* absolu, laisse le plaisir totalement intact dans sa possession inexploitée. Sous cet aspect, la signification de l'argent coïncide avec le pouvoir ; comme ce dernier, il est une pure capacité, qui donne les attraits de l'avenir, prévisible subjectivement seulement, sous forme d'un présent objectif et disponible. En fait, la représentation de la possibilité renferme deux motifs, généralement insuffisamment distingués. Quand on prétend avoir la « capacité » de faire quelque chose, cela ne signifie aucunement la seule anticipation mentale d'un événement futur, mais déjà un réel état présent de vigueur, de coordination physique et psychique, une réserve d'éléments disponibles orientés dans une direction déterminée. Celui qui

« peut » jouer du piano se distingue, même quand il ne joue pas, de quelqu'un qui ne sait pas en jouer, et ceci, non seulement par rapport au moment futur, où il jouera, mais aussi dès maintenant, du fait d'une disposition tout à fait concrète et présente de ses nerfs et de ses muscles. Cet état du « pouvoir », qui ne renferme en lui absolument rien du futur, mène cependant, en deuxième lieu, à la réalité du « possible », à travers la seule conjonction de certaines conditions ultérieures, dont, pareillement, nous ne savons pas prévoir l'apparition. Ce moment d'incertitude et ce sentiment, ou cette connaissance, d'une force, ou d'un état, déjà actuellement présents, forment les éléments de la capacité, et ceci selon des assemblages très divers quantitativement. À commencer par l'un d'entre eux, le « je sais jouer du piano », où le facteur de l'effectif domine, et l'incertitude sur les conditions par ailleurs requises est minime, jusqu'au « le prochain coup de dé peut donner tous les six », où les conditions données et connues sont sur le moment tout à fait minoritaires par rapport aux facteurs, totalement incertains, encore nécessaires pour ce succès. Ici, le pouvoir, qui s'est figé dans l'argent et y est devenu substance, représente une combinaison tout à fait unique. Ce que l'on possède réellement en lui, si on le limite au moment de la possession, cela se réduit à quasiment rien. Ce qui est décisif pour le développement de ses précieux résultats réside en fait en dehors de lui.

Mais la certitude que ce « par ailleurs » soit réellement présent au bon moment est immensément grande. Alors qu'en règle générale, la mesure de la solidité et de la certitude contenue dans le « pouvoir » réside dans les dispositions et l'effectivité présente, l'avenir étant cependant incertain, avec l'argent cette dernière incertitude a complètement disparu, et la possession actuelle, en revanche, est tout à fait dérisoire. Il s'agit réellement de ce qui se peut, au sens d'une possibilité pour l'avenir, à travers lequel le présent que nous avons dans la main est doté de signification ; mais c'est aussi ce qui se peut réellement, au sens d'une certitude quant à la possibilité d'un tel futur.

Le caractère certain de la satisfaction apparaît encore plus nettement quand on considère la relation entre le souhait et son accomplissement, que l'argent suppose de façon particulière par contraste avec d'autres objets habituels de notre intérêt. Les conséquences subjectives d'un souhait accompli ne forment pas toujours le complément exact de l'état de privation qui le fit naître. La privation d'un objet n'est pas comme un trou que sa possession viendrait exactement remplir, de sorte que tout se retrouverait alors comme avant le souhait. C'est cependant la conception de Schopenhauer, pour qui tout contentement n'est que négatif, le dénouement d'un état douloureux causé par la privation [1]. Si l'on se représente le

1. Arthur Schopenhauer, philosophe allemand (1788-1860), a développé une philosophie pessimiste du bonheur dans laquelle la

bonheur de manière positive, alors l'accession à nos souhaits n'est pas seulement la conservation d'un état négatif à travers un positif qui correspondrait exactement et agrémenté d'un soupçon de félicité. Au contraire, le rapport du souhait à son accomplissement est infiniment varié, parce que le souhait ne prend presque jamais en compte tous les aspects de l'objet, ou plus exactement, de ses incidences sur nous. Nous n'obtenons presque jamais à travers sa réalisation ce qu'il signifiait sous la catégorie du

---

satisfaction du désir par l'assouvissement des besoins est un jeu à somme nulle : « La satisfaction, le bonheur, comme l'appellent les hommes, n'est au propre et dans son essence rien que de négatif, en elle, rien de positif. Il n'y a pas de satisfaction qui, d'elle-même et comme de son propre mouvement, vienne à nous, il faut qu'elle soit la satisfaction d'un désir. Le désir, en effet, la privation, est la condition préliminaire de toute jouissance. Or, avec la satisfaction cesse le désir, et par conséquent la jouissance aussi. Donc la satisfaction, le contentement, ne sauraient être qu'une délivrance à l'égard d'une douleur, d'un besoin ; sous ce nom, il ne faut pas entendre en effet seulement la souffrance effective, visible, mais toute espèce de désir qui, par son importunité, trouble notre repos, et même cet ennui qui tue, qui nous fait de l'existence un fardeau. Maintenant, c'est une entreprise difficile d'obtenir, de conquérir un bien quelconque, pas d'objet qui ne soit séparé de nous par des difficultés, des travaux sans fin ; sur la route, à chaque pas, surgissent des obstacles. Et la conquête une fois faite, l'objet atteint, qu'a-t-on gagné ? Rien assurément, que de s'être délivré de quelque souffrance, de quelque désir, d'être revenu à l'état où l'on se trouvait avant l'apparition de ce désir. » (Arthur Schopenhauer, *Le Monde comme volonté et comme représentation*, trad. Auguste Burdeau, PUF, 2004.)

possible et du convoité. Le sens commun a raison de dire que l'on est généralement désappointé par la possession de l'objet convoité, et ceci dans le bon comme dans le mauvais sens, de même que la différence dans ce qui est possédé est seulement un fait, que n'accompagne aucun sentiment conscient. L'argent occupe ainsi une position particulière. D'un côté, il porte à son maximum cette incommensurabilité entre le souhait et son objet. L'effort qui a d'abord concerné l'argent, trouve en lui une chose tout à fait indéterminée, dont un désir, dès lors qu'il est rationnel, ne peut absolument pas se satisfaire, et qui, étant donné le vide total de son être, échappe à toute relation véritable avec nous. Quand le souhait n'avance pas au-delà d'un but concret, il en découle une déception mortelle, éprouvée d'innombrables fois quand la richesse financière, passionnément désirée comme un bonheur incontestable, est perçue une fois atteinte pour ce qu'elle est réellement : un pur moyen, dont l'élévation à une finalité dernière ne peut pas survivre à son obtention. Alors qu'existe ici la divergence la plus effroyable entre le souhait et sa concrétisation, l'exact contraire a lieu quand le caractère de finalité, que l'argent acquiert au niveau psychologique, est consolidé dans la durée, si bien que la cupidité prend alors la forme d'un état chronique. Dans ce cas en effet, où la chose convoitée ne doit rien accorder d'autre que sa possession, et où la limitation du désir n'est pas seulement une auto-illusion passagère, on pare à toute déconvenue. Tout ce que nous convoitons sinon doit nous apporter quelque chose une fois possédé, et c'est dans la prévision imparfaite de ce bénéfice que réside la totalité de l'incommensurabilité, parfois tragique, parfois comique, entre le souhait et sa réalisation, dont je parlais précisément. L'argent n'a cependant rien d'autre à apporter à l'avare que sa pure possession. En tant que tel, nous connaissons mieux l'argent que n'importe quel autre objet. Car il n'y a absolument rien en lui à connaître et ne peut donc rien nous dissimuler. Chose absolument sans qualité, il ne peut pas ce que peut le plus misérable des objets : abriter en son sein surprise ou déception. Celui qui, réellement et définitivement, ne veut que de l'argent est absolument sûr de ne pas les rencontrer. La faiblesse humaine ordinaire, qui considère comme moindre ce qui est obtenu par rapport à ce qui est désiré, est à son apogée avec la cupidité, dans la mesure où une telle avidité ne remplit la conscience du but que d'une manière illusoire et précaire. Mais dès lors que la volonté s'arrête véritablement à la possession, cette défaillance est corrigée. Quand on veut appréhender les destinées humaines grâce au schéma entre le désir et son objet, alors on doit dire que, selon le point d'arrêt choisi dans la séquence dotée d'une finalité, l'argent est certes le plus inadéquat, mais aussi le plus adéquat des objets de notre convoitise.

Le pouvoir de l'argent, caractère sur lequel je reviens à présent, apparaît de la façon la plus tangible – ou du moins, est considéré avec la plus grande inquiétude – là où l'économie monétaire, n'ayant pas parfaitement pénétré, ne va pas de soi, et où l'argent révèle son pouvoir contraignant sur des configurations, qui à cause de leur structure propre, ne lui obéissent pas d'elles-mêmes. Le fait qu'il semble avoir atteint le faîte de sa puissance dans la civilisation la plus développée, renvoie au nombre infini d'objets, auparavant absolument inconnus, qui la composent, objets qui, cependant, sont dès leur origine disposés à obéir à l'argent. Ils ne donnent pas lieu à ce genre de résistances que les modes de perception des configurations plus primitives opposent totalement à un régime monétaire hétérogène, et qui, par contrecoup, aiguisent la prise de conscience de sa puissance quand il en vient à bout. Comme l'argent est la valeur des valeurs, un connaisseur de la vie indienne nomme ainsi le banquier du village, celui qui prête l'argent : *the man of all men in the village* [1] ; son nom indien signifiait : *the great man* [2] ! On a souligné qu'au XIIIe siècle, lorsque de grandes fortunes en capitaux apparurent, le capital était un moyen de puissance encore inconnu par les masses populaires et qu'à sa force propre s'ajoutait l'effet psychologique de l'inouï, du

1. « L'homme parmi les hommes du village. »
2. « Le grand homme. »

supra-empirique en quelque sorte. Abstraction faite de la condamnation religieuse et populaire du commerce de l'argent à cette époque – le principe de l'Église : *mercator sine peccamine vix esse potest* [1], était même revendiqué par un patricien de Cologne au XIIIe siècle –, l'utilisation d'un pouvoir aussi mystique et imprévisible que le capital devait sembler quelque chose de moralement douteux, un abus violent. Et comme les préjugés erronés forcent souvent leurs victimes à les corroborer, alors en effet, des générations aristocratiques de négociants de cette époque tombèrent sans scrupule sous l'emprise abusive de leur pouvoir dont, précisément, la nature et l'étendue étaient rendues possibles de par la nouveauté du capital-argent et la vive impression qu'il produisait sur des rapports construits différemment. Aussi est-il habituel que le petit peuple – du Moyen Âge jusqu'au XIXe siècle – rattache l'origine des grandes fortunes à quelquc irrégularité et considère ses détenteurs comme des personnalités quelque peu inquiétantes : les pires contes horrifiques ont circulé à propos de l'origine de la fortune des Grimaldi, des Médicis, des Rothschild et ceci non seulement à propos d'une quelconque duplicité morale, mais aussi par superstition, comme si une puissance démoniaque avait été à l'œuvre.

1. Littéralement, « on ne peut être commerçant et sans péché ».

On vient de le voir, le type de capacité incarnée dans l'argent prodigue, juste avant sa dépense, un sentiment sublimé de puissance – le « moment fécond » s'est comme immobilisé en lui. L'avarice est une forme de volonté de puissance [1], qui révèle l'argent quant à son caractère de moyen absolu : la puissance reste réellement de la puissance, et n'est pas transformée en usage ou en bienfait. C'est là un paramètre important pour comprendre l'avarice du grand âge. Sans doute cette tendance répond-elle à un souci de prévoyance pour la prochaine génération – bien que l'avare, qui pense d'autant moins à se séparer de ses trésors qu'il devient vieux, ait rarement une telle motivation à la conscience. Dans une perspective subjective sur la vieillesse, il semble plus essentiel que les aspects sensuels de la vie aient perdu de leur attrait ou qu'il soit plus malaisé d'en jouir et, par ailleurs, que l'idéal ait perdu de sa force d'excitation à cause des désillusions et du manque de fougue. Ainsi, le dernier but de la volonté et le

1. Volonté de puissance : Simmel est un grand connaisseur de Nietzsche, dont il sera l'un des premiers commentateurs. Il a écrit plusieurs textes, certains du vivant de Nietzsche (décédé en 1900), sur la biographie du philosophe et la portée de son œuvre. Il récuse les critiques qui voient en lui un destructeur de la morale. Loin de s'apparenter à un nihiliste, Nietzsche est pour Simmel un moraliste, à l'égal d'un Kant, dont l'œuvre ne vise pas à détruire « la » morale mais bien certaines morales (christianisme, socialisme...). Cf. Georg Simmel, *Pour comprendre Nietzsche*, trad. Christophe David, Gallimard, 2006.

dernier attrait que la vie renferme, demeurent souvent cet ultime pouvoir qui, pour partie, se révèle dans l'inclination de la vieillesse à tyranniser et dans le désir maladif d'« influence », fréquent chez les personnes âgées haut placées. Il se manifeste, pour partie aussi, dans l'avarice, où la même puissance abstraite s'incarne dans la possession d'argent. Je tiens pour une erreur de se représenter l'avare occupé à imaginer tous les plaisirs dont il dispose et toutes les opportunités ravissantes qui s'offrent à lui pour utiliser son argent. La forme de l'avarice la plus pure est celle qui ne détache pas du tout sa volonté de l'argent, qui, pas une seule fois, même dans des jeux de pensée, ne la considère comme un moyen pour d'autres choses, et pour qui la puissance de l'argent non dépensé est comme une valeur définitive et absolument satisfaisante. Pour l'avare, tous les autres biens sont circonscris à la périphérie de l'existence. De chacun d'eux émane un rayon qui mène sans équivoque à son centre : l'argent. Ce serait méconnaître totalement ce sentiment particulier de volupté et de puissance que d'inverser cette direction du but final à la périphérie. Dans la mesure où jouir des choses concrètes transformerait la puissance qui réside dans ce centre, ce serait perdre cette puissance en tant que telle. Par nature, nous sommes enclins à dominer et à servir, et nous développons des relations et des formes qui rendent justice à ces deux instincts complémentaires en de multiples combinaisons. Un poète du XVe siècle a décrit l'indignité de l'avarice avec pénétration, en opposition à la puissance que procure l'argent : celui qui sert l'argent est « le valet de son valet[1] ».

---

1. « Valet de son valet » : Simmel détourne ici quelque peu une formule de Thomas More qui décrivait par là, non la domination du moyen (le « valet », chez Simmel) sur celui qui le possède sans en faire usage, mais une inversion de situation entre maître et valet, due à un retournement de fortune. Dans sa fameuse *Utopie* (1516), Thomas More narre avec humour la visite d'ambassadeurs d'Anémolie (« le pays des vaniteux »), pays voisin, chez les Utopiens. Les premiers sont parés de leurs plus beaux habits et de leurs plus beaux bijoux. Vivant dans la simplicité, méprisant les belles pierres et les métaux précieux, qu'ils réservent aux chaînes de leurs esclaves, les Utopiens, eux, prennent les « gens de rien » pour les maîtres et les ambassadeurs pour des bouffons. Ils s'étonnent en effet qu'« un mortel puisse tant se complaire à l'éclat incertain d'une petite gemme, alors qu'il peut contempler les étoiles et le soleil ; qu'il existe quelqu'un d'assez fou pour se considérer comme ennobli par un vêtement d'une laine plus fine. Car, après tout, si fin que soit le fil, la laine fut autrefois sur le dos d'un mouton et ne sera jamais que mouton. Ils s'étonnent de même que l'or, bon par sa nature à si peu de chose, soit mis partout aujourd'hui à si haut prix, à plus haut prix même que l'homme par qui et pour qui sa valeur lui a été conférée ; si bien qu'un lourdaud, bête comme une souche et aussi malhonnête qu'il est sot, tient cependant sous sa dépendance des hommes probes et savants, uniquement parce qu'il a chez lui un gros tas de pièces d'or. Ce même tas, si un coup de la fortune ou une astuce des lois (aussi capables que la fortune de renverser les situations) l'enlève à ce seigneur pour le donner au plus abject vaurien de sa domesticité, fera de lui le valet de son valet, comme s'il n'était qu'un accessoire de sa monnaie. Ils comprennent moins encore et détestent davantage la folie de celui qui rend des honneurs

Et en effet, s'agenouiller devant un moyen neutre comme devant la finalité la plus élevée fait de l'avarice la forme la plus sublimée ou, pourrait-on dire, la plus caricaturale de soumission intérieure – de même qu'elle porte en elle le plus sublimé des sentiments de puissance. Ici aussi, l'argent révèle sa nature, qui fournit à nos aspirations antagoniques une représentation symétrique d'elles-mêmes, la plus décisive et la plus pure. En lui, l'esprit a créé la forme de la plus grande envergure, forme qui, agissant pour ainsi dire en tant que pure énergie, écarte d'autant plus la distance entre ses pôles qu'elle se représente elle-même de façon unitaire – c'est-à-dire en tant que pur argent, récusant toute particularité.

Or il est caractéristique de cette domination de l'argent et de son influence sur notre manière générale de penser que l'on soit habitué à désigner par avarice une série de phénomènes qui en réalité s'apparentent à son total contraire. Ainsi des gens qui utilisent à nouveau une allumette déjà consumée, récupèrent minutieusement les pages blanches d'une lettre, ne jettent pas le plus petit bout de

---

presque divins à des riches auxquels il ne doit rien, pour la seule raison qu'ils sont riches, alors qu'il les sait sordidement avares et qu'il n'a pas à espérer que d'un tel magot, aussi longtemps que le maître vivra, la moindre piécette vienne jamais vers eux. » (*L'Utopie ou Le traité de la meilleure forme de gouvernement*, trad. Marie Delcourt, GF Flammarion, 1987.)

ficelle et s'efforcent de retrouver la moindre épingle à nourrice perdue. On dit de telles personnes qu'elles sont avares, parce que l'on s'est habitué à considérer naturellement le prix de ces choses comme leur valeur. En réalité, elles ne pensent pas au prix de ces objets, la force de leur sentiment va directement à la valeur *concrète* de la chose, qui ne renvoie pas à leur valeur monétaire. Dans bien des cas du moins, il ne s'agit absolument pas de sauver quelques fractions de pfennigs. Ces gens économes sont souvent suffisamment indépendants de tout souci d'argent, avec lequel ils sont à même de se procurer ces objets, et estiment justement davantage la chose en elle-même. À cette catégorie appartiennent également ces gens étranges, mais pas si rares, qui offrent sans états d'âme cent marks, mais qui doivent par exemple se faire violence pour céder une feuille prise dans leur rame de papier. Il s'agit là de l'exact contraire de l'avarice : l'avare est indifférent aux *choses* – excepté quand elles représentent une valeur monétaire – car l'argent les a dépouillées de leur finalité. Alors que le comportement de ces personnes serait tout à fait insensé s'il était déterminé par la *valeur monétaire* des choses – bien qu'il puisse s'avérer tout autant déraisonnable en la négligeant totalement. La fin leur fait oublier le moyen, qui leur permet d'y accéder à tout moment, tandis que le moyen fait à l'avare oublier la fin, qui seule donne du sens. Du reste, il se rencontre d'autres phénomènes qui, dans leur forme extérieure, correspondent à ces petites économies matérielles, mais qui, présentant des divergences avec celles-ci, permettent de rendre un peu plus clair le caractère téléologique de l'argent. Bien des gens « économes » attachent de l'importance à ce que tout ce qui est payé soit aussi consommé. Et pas seulement dans les cas où des frais indispensables pourraient être économisés, mais aussi pour les dépenses de luxe, dont ont a entretemps constaté qu'elles ne procuraient finalement aucun plaisir particulier. Le but a été manqué, mais pour parachever cette erreur, un nouveau sacrifice est nécessaire. Le cas typique pour ce phénomène, c'est : « Plutôt se démettre l'estomac que donner un kreuzer à l'aubergiste [1] ». Le cas caricatural de cette mère économe – moquée par ses enfants pour avoir pris des médicaments, par hantise du gaspillage, après leur utilisation pour soigner les maladies de la famille – est en fait un comportement que bien des gens adoptent sérieusement. D'après cette hypothèse, la consommation de l'objet est indifférente, sinon pire qu'indifférente ; la motivation d'une telle action ne peut pas être de conserver l'objet, car il disparaît : la jouissance de celui-ci,

1. « *Lieber den Magen verrenkt als dem Wirt einen Kreuzer geschenkt* » : variante du proverbe allemand : « Mieux vaut se démettre l'estomac plutôt que d'en offrir une goutte (ou quelque chose) à l'aubergiste » (*Lieber den Magen verrenkt als dem Wirt was* [ou *einen Tropfen*] *geschenkt*). Le kreuzer est une pièce de monnaie et unité monétaire ayant eu cours en Allemagne et en Autriche.

qui était sa signification pour le sujet, est passée. En réalité, ce n'est pas du tout l'objet sur lequel l'intention était dirigée qui est consommé, mais un autre, à qui manque justement la qualité motivante. La motivation par conséquent ne peut être que la suivante : avec la consommation, la dépense d'argent a au moins trouvé un équivalent. L'argent accède ainsi à un but annexe qui débouche sur une détente du sentiment et sur un paroxysme de la série téléologique – ici, le ratage de la finalité subjective s'avère un phénomène en soi, qui ne diminue pas cette satisfaction. Ainsi, ce phénomène, banal et inintéressant dans son contenu, révèle une constellation téléologique de la valeur monétaire tout à fait singulière. Bien qu'elle n'apparaisse généralement pas pour des objets très considérables, et a dès lors quelque chose de petit-bourgeois et falot, il s'agit cependant de l'expression la plus extrême d'une prolifération de l'argent, qui, d'instance médiatrice, a envahi les finalités réelles. En effet, on ne relève pas ici seulement le défaut d'un sens authentique de l'économie, comme avec l'avarice. L'attrait du pouvoir et des opportunités, qui enrichissait la possession de l'argent désœuvré, est également déficient : l'objet, qui a perdu tout ce qui aurait pu être le sens et la finalité de sa consommation, est consommé dans l'inconfort et la gêne, simplement parce que l'argent dépensé en sa faveur lui a conféré une valeur absolue. Le processus de progression des fins n'est pas seulement figé par l'instance monétaire, il devient aussi régressif et, en quelque sorte, pervers, puisqu'une élévation de valeur, ne relevant d'aucune finalité, se réalise à travers un processus dépourvu de toute fin.

Je voudrais à présent explorer la manière dont l'argent prend le caractère d'un intérêt indépendant au-delà de son rôle de pur intermédiaire, et ceci à partir de deux instances négatives. À bien des égards, la *prodigalité* est parente de l'avarice, bien plus que ne le laissent à penser les apparences. On doit remarquer que là où on trouve une organisation primitive de l'économie, l'accumulation avare des valeurs est incompatible avec la péremption très rapide des produits agricoles. Dès lors, il est rare qu'on les amasse véritablement par avarice, car il n'est pas possible, ou du moins pas évident, de les transformer en argent – illimité et conservable. La plupart du temps, on constate une certaine générosité là où les produits de la terre sont immédiatement récoltés et consommés, notamment vis-à-vis des hôtes et des nécessiteux, générosité moins présente avec l'introduction de l'argent, qui encourage à thésauriser. C'est pourquoi saint Pierre Martyr vantait les sacs de cacao qui faisaient office d'argent chez les anciens Mexicains. Ne pouvant être accumulés et conservés longtemps, ils ne donnaient lieu à aucune sorte d'avarice. D'une façon symétrique, les rapports primitifs limitent les possibilités et l'attrait de la prodigalité. Tout gaspillage inconsidéré et toute consommation dilapidatrice, sans parler de destructions insensées, y sont limités par la capacité d'assimilation du sujet et d'autrui. Pour autant, le plus important, c'est que la prodigalité en argent a absolument une autre signification que la dilapidation d'objets concrets : la dernière signifie que la valeur pour l'individu au cours des séquences rationnelles dotées d'une finalité a tout bonnement disparu ; la première que cette valeur s'est transformée en d'autres valeurs, indépendamment de toute finalité. Dans une économie monétaire, le prodigue, qui seul représente un phénomène significatif pour la philosophie de l'argent, n'est pas quelqu'un qui dépense l'argent *in natura* [1], de façon insensée, mais celui qui le dilapide pour des dépenses insensées, c'est-à-dire sans rapport avec ses moyens. Le plaisir de gaspiller – qu'il faut distinguer aussi bien de la jouissance fugitive de l'objet que du plaisir orgueilleux qui y est attaché, ou encore de l'excitation qui alterne acquisition et consommation de l'objet, et qui, bien plutôt, concerne la pure fonction de la prodigalité, sans égard pour son contenu et ses phénomènes concomitants – ce plaisir de gaspiller s'attache ainsi au moment de la dépense d'argent quel qu'en soit objet. L'attrait de ce moment empêche le prodigue d'estimer de façon adéquate aussi bien l'argent que les objets. Ce qui décrit bien sa position dans la progression des fins. Si le dernier terme de cette

1. *In natura* : dans la nature.

série est la jouissance que procure la possession de l'objet, sa première étape intermédiaire, mais essentielle ici, est donc la possession l'argent, et la deuxième, sa dépense en vue de l'objet. Pour l'avare, la première étape est en soi une fin voluptueuse, pour le prodigue, en revanche, la deuxième. Pour ce dernier, l'argent est quelque chose d'à peine moins essentiel que pour le premier, mais simplement, sous la forme d'une dépense, et non d'une possession. Son sentiment de valeur se renforce au moment de l'écoulement de l'argent dans d'autres formes, et ceci avec une telle intensité qu'il s'achète la jouissance de ce moment au prix d'une dilapidation de toutes les autres valeurs plus définitives.

Il est dès lors très facilement observable que l'indifférence à la valeur de l'argent constitue la nature et le charme de la prodigalité, à condition que cette valeur soit ressentie et estimée. Car de toute évidence, jeter un objet indifférent devrait être fait avec indifférence. Les folles prodigalités de l'*Ancien Régime*[1] offrent des exemples typiques de ce cas : quand le prince de Conti se vit retourner le diamant de 4 à 5 000 francs qu'il avait envoyé à une dame, il le fit concasser pour sécher l'encre du billet qu'il lui adressa en réponse. Taine joint à ce récit cette remarque sur les conceptions de l'époque : « *on est d'autant plus un homme du monde que l'on*

1. En français dans le texte.

est moins un homme d'argent [1] ». C'était cependant une illusion. Car précisément, pareil à un processus dialectique, ce comportement négatif envers l'argent, conscient et accusé, est fondé sur son exact contraire, d'où lui viennent son sens et son charme. On rencontre ici et là ce genre de cas dans ces magasins des grandes villes qui, à l'inverse de ceux qui attirent la clientèle grâce à leurs prix bas, soulignent avec une suffisance ostentatoire qu'ils pratiquent les plus hauts prix [2] : ils expriment ainsi qu'ils

1. En français dans le texte. L'épisode rapporté par Simmel est narré par l'historien et philosophe Hippolyte Taine dans le premier volume de son œuvre majeure, *Les Origines de la France contemporaine*, consacré à l'Ancien Régime (1875). Taine y raille la culture de la dépense qui règne à la cour : « Où serait l'agrément, si l'on était raisonnable ? Qu'est-ce qu'un seigneur qui regarde au prix des choses ? Et comment atteindre à l'exquis, si l'on plaint l'argent ? – Il faut donc que l'argent coule, et coule à s'épuiser, d'abord par les innombrables saignées secrètes ou tolérées de tous les abus domestiques, puis en larges ruisseaux par les prodigalités du maître en bâtisses, en meubles, en toilettes, en hospitalité, en galanteries, en plaisirs. » (H. Taine, *Les Origines de la France contemporaine,* vol. 1 : *L'Ancien Régime,* Robert Laffont, « Bouquins », 1986.)

2. Rappelons qu'en 1899, Thorstein Veblen avait mis en évidence les logiques de la consommation ostentatoire au sein de l'élite américaine (voir note 1, p. 82). Simmel décrit là, du côté de l'offre, ce que les économistes appellent l'« effet Veblen », du nom de ce sociologue. Parfois qualifié d'« effet de snobisme », il désigne le fait que certains biens voient leur demande augmenter avec le prix, qu'il s'agisse de produits de luxe, d'œuvres d'art ou d'objets uniques.

accueillent la meilleure clientèle, celle qui ne regarde pas à la dépense. Ce qu'il y a de remarquable ici, ce n'est pas que l'accent soit mis sur le point le plus important, mais sur son corrélat négatif – le prix ne serait pas l'essentiel –, et dès lors, tacitement, encore une fois, la question de l'argent est au premier plan. À cause de son rapport étroit avec l'argent, la prodigalité se développe effroyablement rapidement et prive celui qui en est atteint de tout sens de la mesure : il lui manque la régulation que procure la capacité d'assimilation des objets concrets.

C'est précisément la même démesure qui caractérise la cupidité : la pure possibilité, dont elle cherche à jouir à la place de la réalité, va en soi et pour soi dans l'infini et n'est pas bornée comme celle-ci par des raisons internes ou externes. Quand la cupidité n'a pas ces obstacles positifs qui la fixent et l'arrêtent, elle a l'habitude de se répandre de façon informe et avec une véhémence croissante. C'est là la raison de la démesure et de l'exaspération particulières des querelles de succession. Parce que les exigences de l'individu ne sont pas déterminées par un travail ou une mesure concrètement fondée, personne n'est *a priori* disposé à reconnaître les exigences de l'autre. Si bien qu'il n'y a aucune inhibition qui ne restreigne les revendications de chacun, et tout empiètement rival apparaît comme une injustice sans fondement. Cette absence de relation interne entre le désir et une quelconque mesure de son objet, qui, lors des querelles de succession, résulte de la structure personnelle de la relation d'héritage, provient, dans le cas de la cupidité, de la structure de l'objet. De celle-ci découle une révolte à propos de la monnaie, à Brunswick, en 1499, qui me semble très caractéristique de ce défaut de principe qui contrevient à la limitation des revendications. Les autorités voulaient qu'à l'avenir, seule la bonne monnaie restât valable, la mauvaise ayant jusqu'alors également circulé. C'est alors que les mêmes gens qui, pour leurs produits ou leur salaire, n'admettaient que les bons pfennigs, se révoltèrent parce que l'on n'acceptait plus leurs paiements en mauvaise monnaie ! Précisément, la fréquente coexistence de bonne et de mauvaise monnaie donne ses plus riches possibilités à la démesure de la cupidité (par comparaison, les plus intenses passions ont toujours quelque chose de psychologiquement localisé). Même en Chine, nous connaissons des révolutions qui ont éclaté parce que le gouvernement payait en mauvaise monnaie, alors qu'il exigeait ses impôts en argent régulier. Je voudrais avancer, de façon purement hypothétique, que cette tendance à la démesure, qui réside dans le simple intérêt pour l'argent en tant que tel, est aussi la racine cachée d'un phénomène caractéristique constaté en Bourse : que les petits spéculateurs sur les céréales, les *outsiders*, investissent presque exclusivement *à la hausse*[1]. Il est en effet

1. En français dans le texte.

attesté par la logique, mais tout à fait insignifiant dans la pratique, que le gain a une limite dans la spéculation à la baisse, mais pas à la hausse : je crois que cette réalité est ce qui occasionne l'attrait psychologique expliquant ce phénomène. Alors que la grande spéculation sur les céréales, qui implique véritablement la question de la livraison, soupèse les opportunités des deux côtés, la pure spéculation financière, en revanche, représentée par le marché à prime, considère que la direction adéquate est celle qui, formellement, tend vers l'infini. Cette direction, qui constitue la forme interne de l'intérêt financier, est encore plus évidente avec le phénomène suivant. De 1830 à 1880, l'agriculture allemande a connu une période de croissance durable de ses rendements. Dès lors s'enracina l'idée qu'il s'agissait d'un processus qui ne connaîtrait pas de fin. Si bien que les terres ne furent plus achetées au prix qui correspondait au bénéfice présent, mais à celui sur lequel on pouvait tabler à l'avenir, proportionnellement aux progressions observées jusque-là – d'où la situation actuellement très critique de l'agriculture. C'est la forme monétaire du bénéfice qui attire l'idée de la valeur sur ce terrain dévoyé. Là où il n'est que « valeur d'usage », seul son *quantum* immédiat et concret entre en ligne de compte : l'idée de sa croissance s'arrête à une limite raisonnable, alors que le potentiel et l'anticipation de la valeur monétaire s'ouvrent sur l'infini. La nature de l'avarice et celle de la prodigalité trouvent là leur fondement, parce que toutes deux se refusent à la mesure de la valeur, seule à même de donner à la progression des fins un arrêt et une limite : la jouissance des objets. Puisque le véritable prodigue – qui ne doit pas être confondu avec l'épicurien ou le simple étourdi, bien que, dans leurs manifestations individuelles, ces éléments puissent se mélanger – est indifférent envers l'objet une fois qu'il le possède, sa jouissance est frappée d'une malédiction qui est de ne jamais trouver ni repos ni durée. Le moment où survient cette jouissance contient simultanément son abolition. La vie suit ici la même formule démoniaque que celle de l'avare : chaque moment atteint éveille la soif d'encore plus, mais cette soif ne peut jamais être étanchée ; en effet, le mouvement entier cherche une satisfaction – qui doit découler d'une fin – à l'intérieur d'une catégorie, qui d'emblée dénie toute fin, s'étant bornée aux moyens et aux avant-derniers moments. L'avare est le plus abstrait des deux. Sa conscience téléologique s'arrête à une plus grande distance encore du but final. Le prodigue se rapproche toujours plus des choses, il quitte le mouvement orienté vers un but rationnel pour s'établir à une étape ultérieure, comme si elle était elle-même le but final. D'un côté, cette similitude formelle (avec des résultats visibles totalement opposés), de l'autre, la déficience d'une finalité substantielle régulatrice (qui suggère une interaction capricieuse entre les deux, étant donné le dérèglement analogue des deux tendances), éclairent que l'avarice et la prodigalité se retrouvent souvent chez les mêmes personnes : soit réparties dans différentes sphères d'intérêt, soit en rapport avec la variation des contextes existentiels. C'est leur contraction ou leur expansion qui s'expriment dans l'avarice et la prodigalité, comme un seul mouvement doté de signes différents.

La signification duale de l'argent pour notre volonté est le résultat d'une synthèse de deux des fonctions qu'il remplit. Si pressant et général que soit le besoin de nourriture et de vêtements, leur désir est cependant limité par nature. Le nécessaire, qui est d'abord recherché avec le plus d'intensité, peut cependant se trouver en quantité *suffisante.* Mais, du fait de notre penchant spontané, le besoin de biens de luxe est en revanche illimité. Ici, l'offre ne dépassera jamais la demande. Par exemple, les métaux précieux, qui sont des matériaux utilisés pour la joaillerie, ont une utilisation potentiellement illimitée, parce qu'ils sont originellement superflus. Plus les valeurs sont proches du centre vital et sont immédiatement la condition de notre conservation, plus la convoitise qu'elles suscitent est forte, mais aussi quantitativement plus limitée, le point de saturation étant très vite atteint. À l'inverse, plus elles sont éloignées de cette urgence primaire, moins leur convoitise trouve leur mesure dans un besoin naturel : chaque *quantum* procuré laisse cette convoitise relativement inchangée. L'éventail de nos besoins évolue entre ces deux pôles. Soit ils sont d'une intensité immédiate, mais bornés du fait de leur nature, soit ils relèvent du luxe, et leur caractère superflu est compensé par une possibilité illimitée d'expansion [1]. Alors que la majorité des biens de la civilisation relève d'une combinaison variable entre ces deux types opposés, l'argent réunit la plus haute expression de chacun. En effet, comme il sert autant à satisfaire les besoins les plus indispensables que les plus accessoires, il joint à l'intense pression du désir son extension illimitée. D'une part, il porte en lui-même la structure du besoin de luxe, dans la mesure où il récuse toute limitation à la convoitise (cette limitation résulterait seulement de la relation entre des quantités déterminées et notre capacité d'assimilation). D'autre part, l'argent – au contraire des matériaux précieux utilisés pour la joaillerie – n'a pas besoin de compenser cette illimitation de la convoitise par une mise à distance des besoins immédiats, car il est également devenu leur corrélat. L'avarice et la prodigalité incarnent, pour ainsi dire de façon détachée, cet étrange caractère combiné de l'argent par rapport à la convoitise. Pour elles, en effet, il se résume à une pure convoitise de l'argent lui-même. Elles révèlent un des pires aspects de l'argent, que nous observions aussi dans une

1. La distinction entre l'évolution des dépenses nécessaires et celle des dépenses de luxe s'inspire certainement, ici aussi, des lois de la consommation mises en évidence par E. Engel (cf. note 1, p. 87).

optique positive : sa capacité d'élargissement de la sphère où évoluent les mouvements contradictoires de notre psychisme. Ce que l'avarice manifeste dans un raidissement substantiel, pour ainsi dire, la prodigalité le montre sous la forme de la fluidité et de l'expansion.

Il y a un autre phénomène qui, dans une autre perspective que la prodigalité, s'oppose à la cupidité et à l'avarice : la pauvreté, en tant que valeur définitive et finalité existentielle, satisfaisante en soi. Ici, la promotion d'un des termes de la série dotée d'une finalité au rang de signification absolue a poussé dans une tout autre direction. Alors que l'avarice et la prodigalité sont rivées au moyen comme à une fin, la pauvreté en reste à l'absence de moyen, ou, pour le dire autrement, évolue derrière toute finalité, dans la mesure où elle se présente comme l'*aboutissement* de séquences dotées d'une finalité écoulées. Et de même que l'avarice et la prodigalité, la pauvreté n'apparaît dans sa plus pure et spécifique manifestation qu'à certains niveaux de l'économie monétaire. Dans le cadre de rapports primitifs, qui ne sont pas encore déterminés par l'économie monétaire, et où les produits agricoles ne sont pas encore de pures marchandises – c'est-à-dire ne représentant pas encore des valeurs en argent –, l'absolu dénuement des personnes ne se rencontre pas facilement : jusqu'à des temps récents, on se vantait en Russie de l'inexistence de la pauvreté individuelle dans les secteurs où l'économie monétaire était peu développée. Comme phénomène général, cela ne provient pas seulement de la plus facile satisfaction des besoins immédiats, pour laquelle le moyen monétaire n'est pas un préalable nécessaire, mais aussi de ce que les sentiments d'humanité et d'empathie envers la pauvreté sont plus facilement éveillés dans de tels contextes, où ce qui manque au pauvre, et avec lequel on lui vient en aide, soulage directement son besoin. Dans le cadre de purs rapports monétaires, la compassion doit d'abord en passer par un détour avant d'atteindre son véritable intérêt. Et sur ce chemin, elle s'affaiblit. C'est pourquoi les gens secourables et compatissants assistent plus volontiers les pauvres avec de la nourriture et des vêtements qu'avec de l'argent. Et c'est pourquoi aussi la possession d'argent est exécrée comme la pire tentation, comme le mal véritable, dès lors que la pauvreté est érigée en idéal moral.

Là où le salut des âmes constitue une finalité, plusieurs doctrines font de la pauvreté un moyen tout à fait positif, et même indispensable, élevé à la dignité d'une valeur significative et valable en soi-même. Cela renvoie à différents niveaux des séries dotées d'une finalité et pour différentes raisons. En premier lieu, la pure indifférence à l'égard des jouissances et des intérêts terrestres y mène. L'âme qui aspire au plus haut, comme d'elle-même, est soulagée de ce fardeau sans qu'il soit besoin que la volonté y concentre son effort. Les premiers chrétiens ont dû se comporter fréquemment ainsi : non pas directement hostiles ou agressifs envers les biens visibles, mais tout simplement sans relation à eux, comme à des choses pour lesquelles aucun organe de perception n'existe. C'est pourquoi le communisme – extrêmement sporadique – du christianisme primitif s'oppose profondément aux aspirations du communisme moderne : le premier est indifférent aux biens terrestres, le second émane au contraire de leur plus forte valorisation. Il existe une combinaison des deux, également intermédiaire dans le temps : les mouvements socialistes révolutionnaires de la fin du Moyen Âge qui, certes, faisaient preuve de beaucoup de convoitise, mais qui étaient pour partie animés de courants ascétiques et d'un idéal de dénuement intégral [1]. À l'égard de l'argent

1. Cette remarque de Simmel est partiellement empruntée à l'analyse marxiste de Friedrich Engels à propos de l'ascétisme révolutionnaire des révoltes paysannes de la fin du Moyen Âge : « Cette rigueur de mœurs ascétique, cette exigence de renonciation à toutes les jouissances et à tous les plaisirs de l'existence établissent d'une part, en face des classes dominantes, le principe de l'égalité spartiate, et constituent d'autre part une étape de transition nécessaire, sans laquelle la couche inférieure de la société ne peut jamais se mettre en mouvement. Pour développer son énergie révolutionnaire, pour acquérir une conscience claire de sa position hostile à l'égard de tous les autres éléments de la société, pour se concentrer elle-même en tant que classe, elle doit commencer par rejeter tout ce qui pourrait la réconcilier avec le régime social existant, renoncer aux rares plaisirs

cependant, l'ascétisme doit cependant redescendre de cet « au-delà des intérêts matériels », et accepter des formes plus positives et résolues. Car même sur le chemin du moins cupide des hommes, on croise toujours l'argent, et son acquisition requiert plus d'attention et de concentration de la volonté que celle des biens qu'il procure lui-même. Celui qui voudrait être aussi borné que ce père de l'Église qui, sans même le remarquer, mangea de la graisse de chariot en guise de beurre, celui-là, s'il comptait simplement exister à une époque de circulation monétaire, ne pourrait laisser sa conscience dévier de la sorte, même s'il s'agissait d'acquérir la plus modeste somme. C'est pourquoi quand l'indifférence à l'égard de tout ce qui est extérieur règne en

---

qui lui font encore momentanément supporter son existence opprimée, et que même l'oppression la plus dure ne peut lui arracher. Cet ascétisme plébéien et prolétarien se distingue absolument par sa forme farouchement fanatique comme par son contenu, de l'ascétisme bourgeois, tel que le prêchaient la morale bourgeoise luthérienne et les puritains anglais (à la différence des indépendants et des sectes plus avancées), et dont tout le secret réside dans l'esprit d'épargne bourgeois. Il va d'ailleurs de soi que cet ascétisme plébéien et prolétarien perd son caractère révolutionnaire au fur et à mesure que, d'une part, le développement des forces de production modernes multiplie à l'infini les objets de jouissance, rendant ainsi superflue l'égalité spartiate, et que, d'autre part, la situation sociale du prolétariat, et par conséquent le prolétariat lui-même, deviennent de plus en plus révolutionnaires. » (Friedrich Engels, *La Guerre des paysans en Allemagne*, trad. Émile Bottigellli, Éditions sociales, 1974.)

maître, elle peut facilement se transformer en véritable haine pour l'argent. C'est de là, en deuxième lieu, que procède l'esprit tentateur de l'argent de façon encore plus décisive. Parce qu'à tout moment, l'argent est prêt à l'emploi, il est le pire piège tendu aux instants de faiblesse. Et comme il sert à se procurer toute chose, il offre à l'âme ce qui la tente le plus sur le moment. Il s'agit là d'un danger d'autant plus inquiétant qu'aussi longtemps que l'argent est seulement en nos mains, il est la chose la plus indifférente et la plus innocente du monde. Pour une sensibilité ascétique, l'argent est dès lors le symbole exact du diable qui nous séduit avec le masque de l'innocence et de l'ingénuité ; si bien que la seule sécurité, comme avec le diable, réside dans sa mise à distance absolue, dans le rejet de toute relation, aussi inoffensive puisse-t-elle paraître. Ceci était le principe absolu de la communauté primitive de Bouddha. Le moine qui était accepté dans la communauté renonçait absolument à tous ses biens, à ses liens familiaux et à son épouse, et ne devait pas posséder – à quelques exceptions près – davantage que les petites choses nécessaires au quotidien, et encore devaient-elles lui provenir d'aumônes. Le nom que ces moines se donnaient eux-mêmes, « la communauté des mendiants », montre à quel point cette règle était fondamentale. En quémandant au jour le jour leur subsistance – sans même émettre une prière, attendant l'aumône en silence – ils se détachaient autant que possible de toute propriété.

Les dispositions intérieures des moines bouddhistes étaient semblables aux lois de certaines tribus nomades arabes, qui défendaient de semer du grain, de construire une maison, etc., afin qu'aucun individu ne fût tenté de trahir la tribu en se sédentarisant. Se comparant aux oiseaux qui n'ont rien d'autre que leurs ailes où qu'elles les portent, ils ne pouvaient accepter le cadeau de terres cultivées, de bêtes ou d'esclaves. L'interdiction la plus sévère cependant, était celle de l'or et de l'argent. Le bienfaiteur qui voulait offrir de l'argent aux moines ne devait pas le leur donner, mais le confier à un commerçant ou à un artisan pour qu'il leur livrât des biens en nature, qu'ils pouvaient accepter. Si un frère avait cependant reçu de l'or ou de l'argent, alors devait-il faire pénitence devant la communauté, et si un laïc bien disposé se trouvait à proximité, on lui remettait l'argent pour acheter de la nourriture, aucun moine n'étant autorisé à s'en occuper lui-même. Mais si personne ne se trouvait à portée, l'argent était remis à un moine afin qu'il le jetât, un moine « libre de tout désir, de toute haine et de tout aveuglement », ce qui garantissait que l'argent fût effectivement jeté. Même avec la douceur caractéristique, anémique, de ces âmes en quelque sorte figées dans *une* pensée, l'argent était un objet de peur et d'horreur, la pauvreté une possession jalousement gardée, un article précieux dans l'inventaire des valeurs de cette existence totalement étrangère à la variété des intérêts du monde. Dans l'argent réside la valeur *unique* : le refuser, c'était justement refuser toute la *multiplicité* du monde.

Cette empreinte intérieure, qui est portée à son comble avec la valorisation absolue de la pauvreté, est incarnée de manière extrêmement résolue et avec une passion incomparable par les premiers moines franciscains. Ici, il ne s'agissait pas seulement d'une réaction contre l'effroyable sécularisation de l'Église italienne des XIIe et XIIIe siècles, qui avait trouvé dans la simonie [1] son expression la plus forte – tout était orienté sur l'argent, tout était accessible par l'argent, de l'élection du pape jusqu'à la désignation du plus misérable des prêtres paroissiaux, de la plus grandiose des fondations abbatiales jusqu'à la prononciation, par des prêtres florentins, de l'absolution et de la purification du vin où des souris s'étaient noyées ! Certes, de son côté, le mouvement réformateur, qui avait été quasiment continu depuis le Ve siècle, avait déjà proclamé la pauvreté comme une exigence idéale pour les ecclésiastiques, afin de couper la sécularisation de l'Église à la racine et à la tête. Mais c'est avec les Franciscains que la pauvreté devint une valeur indépendante, un corrélat des besoins intérieurs les plus profonds. Un historien, spécialiste de cette question, écrit à propos des premiers temps de l'ordre : « Dans la pauvreté, la *gente*

1. Simonie : pratique qui consiste en la vente ou en l'achat de biens spirituels (grâces, bénédictions) et de charges ecclésiastiques. Régulièrement condamnée, la simonie fit partie des usages contre lesquels s'affirmera la Réforme.

poverella avait trouvé la sécurité, l'amour et la liberté : il n'y avait rien de surprenant à ce que la pensée et les efforts des nouveaux apôtres se focalisent sur la conservation de ce précieux trésor. Sa vénération ne connaissait pas de limite. Avec une ferveur amoureuse de jeunes fiancés, ils vouaient chaque jour un cœur neuf à leur amie. » La pauvreté était devenue un bien positif. D'une part, elle était comme l'intermédiaire afin d'acquérir les biens les plus élevés, pour lesquels elle jouait le même rôle que l'argent pour les biens terrestres méprisables. Comme lui, elle était le réservoir où les séries de valeur de la vie pratique débouchaient et, à nouveau, s'alimentaient. De l'autre, la pauvreté était déjà très directement un aspect ou une expression du fait que le monde appartient à celui qui renonce, dans un sens plus élevé : le plus élevé. Dès lors, en réalité, il n'était pas à proprement parler celui qui renonce. Car à travers la pauvreté, il possédait l'essence des choses la plus pure et la plus raffinée, tout comme l'avare la possède à travers l'argent. De même que les moines bouddhistes déclaraient : « nous vivons dans une plus grande joie, nous qui ne possédons rien ; la gaieté est notre nourriture, comme les dieux du royaume de la lumière », de même les Franciscains se définissaient comme les *nihil habentes, omnia possidentes* [1]. La pauvreté perd

---

1. « *Nihil habentes, omnia possidentes* » : ils n'ont rien, mais ils possèdent tout. Dans son essai sur « le concept et la tragédie de la culture », Simmel écrira : « On pourrait retourner mot à

ici son essence ascétique : les biens intérieurs, dont elle est la condition négative, sont descendus à elle, la renonciation au moyen, qui dans le monde passe pour le représentant des fins, a connu la même promotion au rang de valeur définitive. Et il n'y a rien qui puisse éclairer aussi vivement la puissance démesurée et la portée de ce processus, à travers lequel l'argent, d'une position d'intermédiaire, s'élève à la signification d'un absolu, que le fait que sa négation même émerge dans la même forme.

Je referme ici le cycle de ces manifestations qui permettent de montrer l'essence de l'argent et de la rendre transparente à travers ses reflets, en évoquant deux phénomènes quasiment endémiques des sommets de la culture monétaire : le cynisme et l'attitude blasée. Les deux sont les résultats de la réduction – de la chute nécessaire – des valeurs concrètes de la vie à la valeur médiatrice de l'argent. Ils forment comme le revers des phénomènes d'avarice et de cupidité : avec ces dernières, cette réduction se révélait dans l'élévation d'une nouvelle

---

mot la formule qui désignait les anciens Franciscains dans leur bienheureuse pauvreté, leur absolu détachement de toutes les choses qui voulaient encore détourner l'âme de son droit chemin en l'attirant dans une voie passant par elles-mêmes : *nihil habentes, omnia possidentes* – au lieu de cela, les êtres humains de cultures riches et encombrées sont : *omnia habentes, nihil possidentes.* » (Georg Simmel, « Le concept et la tragédie de la culture » [1911], in *La Tragédie de la culture et autres essais*, Rivages, 1988.)

valeur finale ; avec le cynisme et l'attitude blasée, en revanche, elle se manifeste dans la diminution de toutes les anciennes valeurs. C'est dans ces phénomènes que s'accomplit la négativité des séries téléologiques, dont l'argent était le vecteur à travers la prodigalité et le plaisir de la pauvreté. Cette négativité s'accomplit dans la mesure où, à présent, elle saisit, non plus seulement l'individualité des valeurs qui sont simplement cristallisées dans l'argent, mais la réalité même des valeurs. Bien que ce que nous entendons aujourd'hui par cynisme ait peu à voir avec la philosophie existentielle grecque dont le terme est issu, il existe néanmoins un rapport – quoique pervers, pour ainsi dire – entre les deux. Le cynisme antique avait un idéal de vie tout à fait positif : la force inconditionnelle de l'âme et la liberté morale de l'individu. Il s'agissait là d'une valeur inconditionnelle, si bien qu'en comparaison, toute autre distinction entre les autres valeurs reconnues était insignifiante : que l'on soit maître ou esclave, que l'on satisfasse ses besoins de manière esthétique ou inesthétique, que l'on ait une patrie ou que l'on n'en ait pas, que l'on remplisse ses devoirs familiaux ou non, tout cela indifférait totalement au sage, non seulement en *comparaison* avec cette valeur absolue, mais surtout parce que c'était précisément dans cette indifférence que cette valeur manifestait sa présence. Il me semble décisif que, tel qu'on l'entend aujourd'hui, le cynisme ne fasse pas non plus de distinction entre les valeurs et qu'il se traduise uniquement par la dépréciation des plus communément exaltées au niveau le plus bas qui soit, cependant qu'a disparu la finalité positive, idéelle et morale de ce nivellement. Ce qui pour ces descendants paradoxaux de la sagesse socratique n'était qu'un moyen ou un résultat secondaire, est ici devenu central et, de la sorte, a donc complètement changé de signification. Dans son acception contemporaine, la nature du cynique s'exposera le plus clairement par contraste avec l'enthousiasme du tempérament sanguin. Alors que pour ce dernier, le mouvement des valeurs esquisse une courbe qui va de bas en haut et élève les valeurs les plus basses à la signification des plus hautes, c'est l'inverse chez le cynique : son sentiment de la vie ne s'exprimera de façon adéquate qu'après avoir pointé, en théorie et en pratique, la petitesse des plus hautes valeurs, et l'illusion qu'il y a à les distinguer. Comment mieux qu'avec l'argent cette disposition d'esprit pourrait-elle se complaire, lui qui enserre pareillement les plus hautes et les plus basses valeurs dans *une* forme et, de la sorte, les réduit au même niveau, aussi différentes soient-elles quantitativement et qualitativement ? Il n'est pas d'autre domaine général où le cynique puisse trouver aussi triomphalement une justification qu'ici, où les biens les plus délicats, les plus idéaux, les plus personnels non seulement sont disponibles pour celui qui a l'argent nécessaire, mais encore – plus significatif – où celui qui en est le plus digne s'en trouve privé s'il n'en a pas les moyens : un domaine où les mouvements de l'argent réalisent les combinaisons les plus insensées entre les valeurs personnelles et les valeurs objectives. C'est pourquoi les terrains de prédilection du cynisme sont les places de grande circulation monétaire, en particulier les places boursières, où l'argent est massivement présent et change facilement de propriétaire. Plus l'argent devient lui-même le centre d'intérêt, et plus l'honneur et les convictions, le talent et la vertu, la beauté et le bonheur, affrontent une attitude goguenarde et frivole, ces biens existentiels supérieurs, finalement en vente comme fruits et légumes au marché, finissant par acquérir eux aussi un « prix de marché ». La notion de prix de marché pour des valeurs qui, par nature, récusent toute estimation en dehors de celle relevant de leurs propres catégories et idéaux, est l'objectivation achevée de ce que le cynisme incarne dans la subjectivité.

L'autre signification du nivellement, qui fait référence, non pas tant à la différence de valeur entre les choses, qu'à leur différence de nature – car la position centrale de l'argent oriente l'intérêt sur la similitude entre les choses plutôt que sur leur développement spécifique –, trouve son expression particulière dans l'humeur blasée. Alors que le cynique se laisse encore aller à quelque réaction suivant le domaine des valeurs en question – bien que, de façon perverse, il s'agisse alors pour lui de trouver un charme à la vie à travers leur dépréciation –, chez le blasé – dont la notion n'est certes jamais tout à fait accomplie dans la réalité – la perception des différences de valeur est éteinte. Toute chose est vue à travers une teinte blafarde et grise, rien ne vaut la peine de s'émouvoir, et encore moins de s'abandonner à une réaction de la volonté. Ce n'est donc pas ici la dévaluation des choses en général, mais l'indifférence quant à leurs spécificités qui constitue la nuance décisive, car c'est d'elles que provient entièrement la vivacité des sensations et de la volonté qui, précisément, se refuse à la personne blasée. Celui qui est intimement dominé par l'idée que l'on peut acheter toutes la diversité des choses de la vie avec la même somme, celui-là, obligatoirement, sera vite désabusé. En général, les jouissances épuisantes passent pour être la cause de cette lassitude, et avec raison, car les saveurs par trop fortes finissent par épuiser toute capacité de réaction nerveuse. Mais ceci ne clôt pas encore le cycle des phénomènes associés à l'humeur blasée. En effet, l'attrait des choses n'est absolument pas la seule cause de notre affairement pratique pour les obtenir. Car à l'inverse précisément, le type et la quantité d'effort pratique requis pour les obtenir déterminent souvent la profondeur et la vivacité du charme que nous leur trouvons. Toute individualisation de l'effort, toute incertitude sur le chemin, toutes les exigences spécifiques requises en vue d'obtenir l'objet, seront projetées sur lui comme autant de particularités de sa nature et du rapport que nous entretenons avec lui, et investies en lui comme autant d'attraits. À l'inverse, plus l'acquisition de l'objet suit un procédé mécanique et indifférent en soi, plus l'objet lui-même semble dépourvu de couleur et d'intérêt – de même qu'en tous lieux, ce n'est pas seulement le but qui définit le chemin, mais aussi le chemin qui définit le but. C'est pourquoi le mode d'acquisition des objets par l'argent, toujours égal, et ne réservant aucune attention particulière à aucun, rend ceux-ci obligatoirement plus indifférents – et ceci de façon encore plus manifeste et plus fondamentale que la richesse étend à toujours plus d'objets cette réduction pratique des différences de valeur. Quand nous ne sommes pas en situation d'acheter les choses, elles agissent encore sur nous avec tout l'attrait de leurs spécificités. Dès lors que, grâce à l'argent que nous avons, nous les obtenons spontanément, à la moindre excitation, leurs attraits s'estompent, et pas seulement à cause de la possession et de la jouissance elles-mêmes, mais aussi du fait du chemin indifférent qui mène à leur acquisition et qui ternit ainsi leur valeur spécifique. Bien entendu, cette influence est imperceptible dans les cas particuliers. Cependant, dans la relation que le riche entretient avec les objets accessibles grâce à l'argent, et peut-être même déjà à travers la coloration générale que l'esprit public leur confère en tous lieux, cette influence a énormément grandi. Aussi les attitudes cynique et blasée sont seulement deux différentes inclinations naturelles, parfois confondues pour partie, qui répondent à la même réalité. À travers l'expérience des quantités accessibles grâce à l'argent et, en définitive, en tirant de façon inductive la conclusion que tout et tous peuvent être achetés, l'attitude cynique éprouve une excitation et une grande sensation de plaisir. Pour l'attitude blasée, en revanche, la même configuration ôte tout attrait à la réalité. Si bien qu'en règle générale le cynique ne souhaite pas particulièrement changer de disposition intérieure, alors que l'inverse se rencontre souvent chez le blasé : l'inclination de l'espèce aspire en lui aux charmes de la vie que sa condition individuelle lui rend insensibles. D'où cette avidité contemporaine pour les stimulations et les excitations, pour les impressions extrêmes, pour la plus grande rapidité de leur alternance – tentatives typiques pour remédier aux dangers ou aux souffrances d'une situation par l'exagération quantitative de son contenu. Certes, cela fait momentanément diversion par rapport à la signification objective, mais bientôt l'ancienne situation est rétablie, aggravée maintenant par les proportions accrues de ses éléments. Le plus fondamental ici, c'est que la valorisation moderne de ce qui, dans les impressions, les relations, les enseignements, est en tant que tel « excitant » – sans que l'on juge utile de préciser *à quoi* cela excite – ne fait que trahir de façon caractéristique la réclusion de notre être dans les moyens : on se satisfait ici de ce stade préparatoire à la véritable production de valeur. Si on considère que la quête maladive de purs stimuli est le résultat de l'accroissement excessif de la posture blasée – par laquelle l'excitabilité naturelle disparaît toujours plus – et que cette attitude désabusée et lassée émane quant à elle de l'économie monétaire, qui, avec un pur moyen, ôte leur couleur à toutes les valeurs particulières, alors nous avons affaire ici à un cas intéressant où la maladie donne au remède sa propre forme. La civilisation de l'argent signifie la réclusion de la vie dans ses moyens. À tel point que même pour se délivrer de ses fatigues, elle a naturellement recours à un simple moyen, silencieux quant à sa signification finale – en réalité, l'« excitant » par excellence.

BIBLIOGRAPHIE SÉLECTIVE

Œuvres de Simmel

Georg Simmel, *Gesamtausgabe in 24 Bänden*, Frankfurt am Main, Suhrkamp (2000-).

La Philosophie de l'argent, PUF, 1987.
La Tragédie de la culture et autres essais, Rivages poche/ Petite bibliothèque, 1988.
Les Pauvres, PUF, 1998.
Sociologie, PUF, 1999.
Philosophie de la modernité, Payot & Rivages, 2004.
« Digressions sur l'étranger » et « Métropoles et mentalités », *in* Y. Grafmeyer et I. Joseph, *L'École de Chicago*, Champs-Flammarion, 2004, p. 53-60 et 61-78.
Pour comprendre Nietzsche, Gallimard, 2006.
L'Argent dans la culture moderne et autres essais sur l'économie de la vie, Éditions de la Maison des sciences de l'homme, Presses de l'université de Laval, 2006.
Les Grandes Villes et la Vie de l'esprit, Éditions de L'Herne, « Carnets », 2007.

Ouvrages cités

ARISTOTE, *Les Politiques*, trad. Pierre Pellegrin, GF Flammarion, 2001.

Zygmunt BAUMAN, *La Vie liquide*, Éditions du Rouergue, 2006.

Damien de BLIC et Jeanne LAZARUS, *Sociologie de l'argent*, La Découverte, 2007.

Gilles DELEUZE, *Proust et les signes*, PUF, 2003.

Friedrich ENGELS, *La Guerre des paysans en Allemagne*, Édition sociales, 1974.

Stéphane FÜZESSERY et Philippe SIMAY (sous la direction de), *Le Choc des métropoles. Simmel, Kracauer, Benjamin*, Éditions de l'Éclat, Tel-Aviv, 2008.

Erving GOFFMAN, *Les Rites d'interaction*, Minuit, 1974.

—, *La Mise en scène de la vie quotidienne*, t. 1 et 2, Éditions de Minuit, 1973.

Jack GOODY, *La Raison graphique*, Minuit, 1980.

Jean-Yves GRENIER (sous la direction de), *À propos de « Philosophie de l'argent » de Georg Simmel*, L'Harmattan, 1993.

HÉRODOTE, *Histoire*, livre I, 199, trad. Larcher, Charpentier, 1850.

Siegfried KRACAUER, *L'Ornement de la masse. Essais sur la modernité weimarienne*, La Découverte, 2008.

André LEROI-GOURHAN, *Le Geste et la Parole*, t. I : *Technique et langage* ; t. II : *La Mémoire et les Rythmes*, Albin Michel, 1965.

Jean-François LYOTARD, *Des dispositifs pulsionnels*, Minuit, 1994.

Karl MARX, *Le Capital*, livre I, PUF, 1993.

Thomas MORE, *L'Utopie ou Le traité de la meilleure forme de gouvernement*, GF Flammarion, 1987.

Arthur SCHOPENHAUER, *Le Monde comme volonté et comme représentation*, PUF, 2004.

Otthein RAMMSTEDT et Patrick WATIER (sous la direction de), *Georg Simmel et les sciences humaines*, Méridiens Klincksieck, 1992.

SPINOZA, *L'Éthique*, Folio-Gallimard, 2007.

Hippolyte TAINE, *Les Origines de la France contemporaine*, vol. 1 : *L'Ancien Régime*, Robert Laffont, « Bouquins », 1986.

Frédéric VANDENBERGHE, *La Sociologie de Georg Simmel*, La Découverte, 2001.

Thorstein VEBLEN, *Théorie de la classe de loisir*, Gallimard, 1978.

Patrick WATIER, *Georg Simmel sociologue*, Éditions Circé, Belval, 2003.

Max WEBER, *Économie et société*, tome 1 : *Les Catégories de la sociologie*, Pocket, 2007.

TABLE

PHILOSOPHIE DE L'ARGENT

Partie analytique, 3e chapitre

Composition et mise en page

NORD COMPO
multimédia

N° d'édition : L.01EHPN000243.C002
Dépôt légal : mai 2009
Imprimé en Espagne par Novoprint (Barcelone)